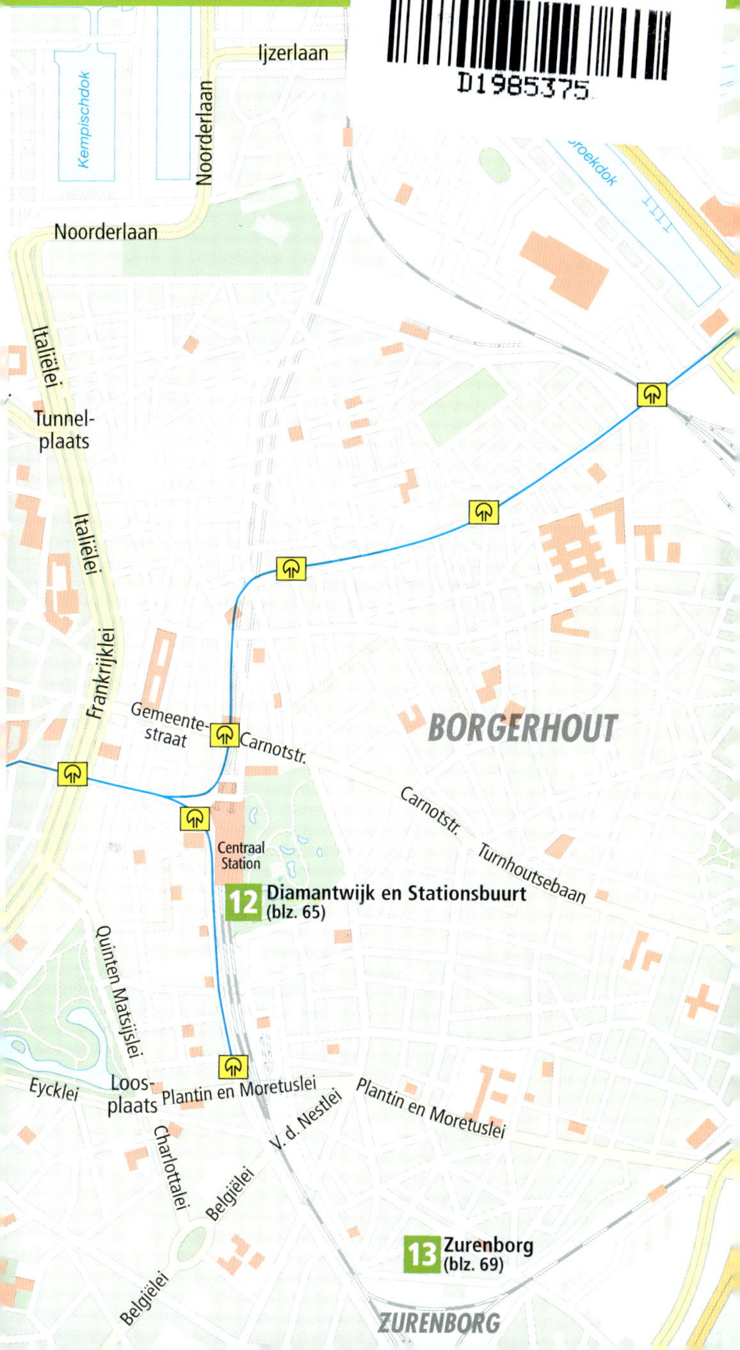

Ijzerlaan
Kempischdok
Noorderlaan
Noorderlaan
Italiëlei
Tunnel-
plaats
Italiëlei
Frankrijklei
Gemeente-
straat
Carnotstr.
BORGERHOUT
Carnotstr.
Turnhoutsebaan
Centraal
Station
12 Diamantwijk en Stationsbuurt
(blz. 65)
Quinten Matsijslei
Eycklei
Loos-
plaats
Plantin en Moretuslei
V. d. Nestlei
Plantin en Moretuslei
Charlottalei
Belgiëlei
Belgiëlei
13 Zurenborg
(blz. 69)
ZURENBORG

Welkom

De 15 hoogtepunten

ANWB EXTRA

Antwerpen

NU in Antwerpen

Welke evenementen zijn er nú in Antwerpen? Deze gids geeft via internet actuele tips voor onder meer tentoonstellingen, familieactiviteiten, shop events en andere evenementen.

De Cityexperts van **REIZEN Magazine** selecteren voor u de leukste evenementen in de periode dat u de stad bezoekt.
Kijk op **reizen.nl/antwerpenNU** of gebruik de QR-code hieronder.

Als u de QR-code hieronder met uw smartphone scant, komt u direct op de webpagina met actuele evenementen in Antwerpen.

Zo werkt het:

1 Download de QR-reader op uw smartphone
2 Scan het blokje met de QR-code
3 Bekijk op de webpagina onze tips voor actuele evenementen in Antwerpen

reizen.nl/antwerpenNU

anwb

De 15 hoogtepunten in een oogopslag

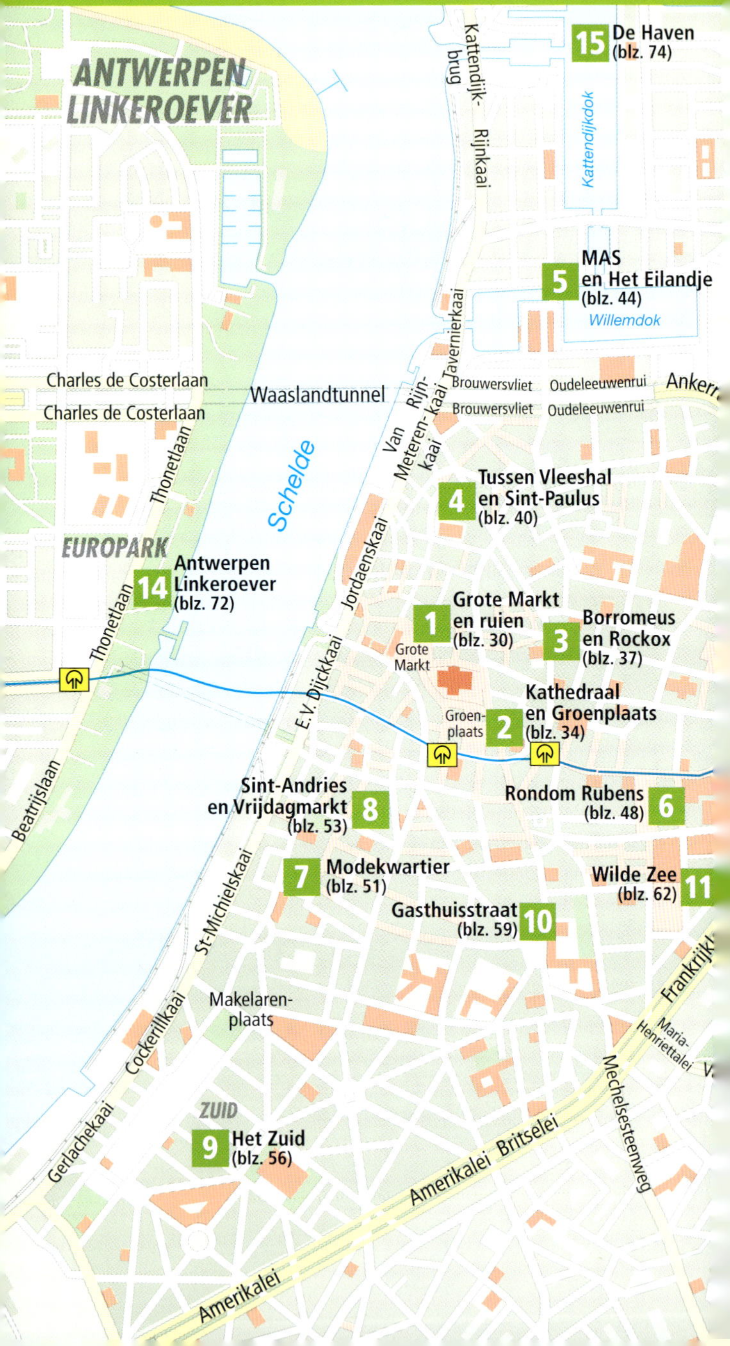

Deze symbolen in de tekst verwijzen naar een plattegrond
Dit symbool in de tekst verwijst naar één van de 15 hoogtepunten
Dit symbool in de tekst verwijst naar een Waar voor je geld!-tip

Welkom

Antwerpen bruist. Natuurlijk op de terrassen voor de historische herbergen, waar de bollekes rijkelijk vloeien. Maar zeker voor de cultuurliefhebber. Antwerpen heeft een schitterende nalatenschap van de Grote Drie: de schilders Rubens, Van Dyck en Jordaens. En onbetwist is de stempel die Plantijn op de geschiedschrijving drukte. Te voet, vanuit een dubbeldekker, paardenkoets of tram maken bezoekers een tijdreis in architectuur en ontmoeten Antwerpse *sinjoren* en *madammen*. Ook in de hedendaagse kunst telt de stad volop mee. Het winkelaanbod komt de verwendste shopaholic tegemoet. Trendzoekers vinden een levendige modescene. Of u komt onverbloemd voor een van de grootste troeven van de stad: een heerlijk avondje uit. Met genoeg keus om vaak terug te keren.

Ter oriëntatie

Antwerpen aan de Schelde

De Schelde is een grote levensader van de stad. Welvaart en teloorgang kwamen en gingen in Antwerpen op het ritme van de Schelde. De loop van de rivier is geregeld door mensen aangepast. Havendokken werden aangelegd en weer gedempt, om weer op een nieuwe plek te worden uitgegraven. De Schelde was tevens vertrekpunt voor honderdduizenden immigranten uit Europa, op weg naar een bestaan in de Nieuwe Wereld.

Daarom is de Schelde dan ook meer dan een rivier waarlangs de stad gebouwd is. Het historische centrum en de 19e-eeuwse uitbreidingen bevinden zich op de rechteroever. Twee ringwegen vormen aan de oostzijde de toegang. De ingepolderde linkeroever, in hoofdzaak woonwijk, geeft de mooiste blik op de Antwerpse skyline.

Rails of ringweg

Per trein staan bezoekers bij het centraal station gelijk aan de voet van een groot winkeldomein. De stationsbuurt is tevens de diamantwijk, waar de stad al eeuwenlang faam tot ver buiten de landsgrenzen kent. Ook meteen bij het station bevinden zich de dierentuin (Zoo) en het aquarium (Aquatopia). Treinreizigers hebben direct rond het station volop keuze uit hotels, in diverse luxeklassen, en met een tramritje is een nog groter aanbod binnen handbereik.

De dagtoerist die per auto naar Antwerpen reist, heeft keuze uit gratis parkeren op P & R-terreinen (zie blz. 19), beperkt gratis parkeren of betaald aan de straat of in parkeergarages. Het vinden van een plek is geen probleem, de capaciteit is groot.

Kunst of mode

Antwerpen heeft bezienswaardigheden in soorten, stijlen en maten. De vijf grote kerken en een reeks musea, waaronder het befaamde Rubenshuis, zijn een paradijs voor liefhebbers van oude kunst. De renaissance is er buitengewoon goed vertegenwoordigd. Wie op moderne kunst gefocust is, komt volop aan zijn trekken in de wijk Het Zuid, waar vlak bij elkaar het Museum voor Moderne Kunst en het toonaangevende FotoMuseum te vinden zijn. Designertrends worden gevolgd in en rond het ModeMuseum.

Museum op straat

Zelfs zonder een museum te bezoeken – wat natuurlijk toch jammer zou zijn – laat Antwerpen zich goed ontdekken. Met een oplettend oog voor beelden en symbolen aan de gevels, de Mariaportalen, de tot loungebar en loft verbouwde pakhuizen, ja zelfs de omstreden naoorlogse invularchitectuur krijgt u de stadsontwikkeling op een presenteerblaadje. Overigens zijn er tal van mogelijkheden om die ontdekking te vereenvoudigen, zoals koetsjes, een toeristentram en dubbeldekkers (zie Praktische informatie). Veel kan in Antwerpen te voet worden gedaan, daarnaast is een goed bus-, tram- en metronet beschikbaar.

Historisch centrum

Het historische centrum bevindt zich rond de Grote Markt en de kathedraal, niet ver van het oudste plekje van de stad aan de Schelde: Het Steen. Direct ten noorden daarvan is het oude handelskwartier waar het beenhouwersgilde floreerde.

Zuid

Zuidelijk van het centrum heeft de woonwijk Sint-Andries zich als modekwartier ontwikkeld en loopt over in het veelzijdige Het Zuid. Daar zijn niet alleen de eerder genoemde musea maar ook veel uitgaansgelegenheden.

Meir en Wilde Zee

Winkelader Meir voert tussen Groenplaats en station. Ten zuiden daarvan is de Wilde Zee een wijk met exclusieve winkels op het gebied van mode en antiek en enkele grote theaters. In dit gebied staan ook het Rubenshuis en twee musea aan de Lange Gasthuisstraat: het Mayer Van den Berghmuseum en het Maagdenhuis. In twee afzonderlijke hoogtepunten in deze gids wordt daaraan aandacht besteed.

Ook niet te missen

Ten noorden van het centrum ontwikkelt de wijk Het Eilandje, voorheen een druk havengebied, zich met het in 2011 geopende Museum Aan de Stroom (MAS) en leuke café-restaurants tot nieuwe hotspot. Daar is ook het vertrekpunt voor fascinerende rondvaarten door de huidige haven, die zich over een groot gebied noordwaarts uitstrekt. De vlak bij de ringweg en Berchem gelegen art-nouveauwijk Zurenborg verdient ook extra aandacht.

Vleeshuis, het gildehuis van de beenhouwers ten noorden van de Grote Markt

Kennismaking, Antwerpen in cijfers

Sinjoren aan de Schelde

Gasten worden uitstekend ontvangen in Scheldestad Antwerpen. De Vlaamse gezelligheid is er extra kleurrijk door al wat met mensen en waren via de haven binnenkwam. Dat geeft tevens een verrassend tintje aan de Vlaamse keuken. Een ontdekkingstocht door de Antwerpse wijken licht een tipje van de bewogen geschiedenis op.

De welvaart van de 16e en 17e eeuw is gemakkelijk af te lezen aan de gildehuizen op de Grote Markt. En aan de schitterende kunstwerken die uit deze periode zijn nagelaten. Uit die Gouden Eeuw stamt ook de bijnaam 'sinjoren' – van het Spaanse señor afgeleid: hier werd een hoofs en zelfbewust herenleven geleid. Antwerpen was een van de belangrijkste economische en culturele centra van de wereld.

Historisch Centrum

Toeristenplek bij uitstek maar ook nog altijd trefpunt voor bewoners is de oude stad. Rond de Brabofontein op de Grote Markt starten diverse rondleidingen. De cafés en – overdekte – terras-

De eerste zondag van oktober: feest van O.L.V. van de Rozenkrans, processie met Scheldewijding

sen van de Grote Markt en de Groenplaats nodigen uit tot proeverijen en dienen voor menigeen als levendig discussieforum.

Naast de drukke ontmoetingscentra zijn er ook nog verstilde plekjes. Drie grote kerken, waaronder de kathedraal, bevinden zich in deze wijk, vroeger begrensd door de wateren van de Lombardenvest, de Sint-Katelijnevest en de Minderbroedersrui; de Schelde is nog prominent aanwezig.

Handelskwartier

Het maritieme handelsleven ontvouwde zich in al haar facetten in de wijk ten noorden en noordoosten van de Grote Markt. Tot de brand van 1973 stond hier de stadswaag, waar de goederen van

kooplui werden gewogen. Eromheen stonden de pakhuizen ('stapelhuizen'). Tot het begin van 21e eeuw reden buitenlandse trucks nog tot de Paardenmarkt. Dat verklaart de sterk mediterrane inslag van restaurants en winkels. Het Handelskwartier is nu bij uitstek een studentenwijk, met diverse geledingen van de Academie en de Universiteit.

Nieuwe wijken: Het Zuid

Ook op stedebouwkundig gebied zijn in Antwerpen de afgelopen decennia tal van spannende zaken gebeurd. Een belangrijke ontwikkeling in de wijk Het Zuid was de sluiting en demping van de zuiderdokken eind jaren zestig. Rondom deze voormalige dokken herinneren straatnamen aan vroegere wapenfeiten, zoals Verschansingstraat, Schaliënstraat en Kasteelstraat.

In 1987 werd het Museum van Hedendaagse Kunst Antwerpen (M HKA) in een verbouwde graansilo / pakhuis geopend aan de Waalsekaai. Het was onderdeel van een totaalplan om Het Zuid een andere invulling en vernieuwd aanzien te geven. Veel pakhuizen zijn in schitterende lofts veranderd. Tussen Vlaamse- en Waalsekaai is een grote open ruimte gebleven, een groot deel van het jaar parkeerplaats maar op andere momenten is het evenemententerrein, zoals voor de Sinksenfoor, de Antwerpse kermis. Heel wat uitbaters vonden hun weg naar Het Zuid, waardoor het wat restaurants en uitgaansgelegenheden betreft inmiddels op Antwerpens nummer 1 staat. Alle redenen dus ook voor de toerist om niet louter de dissen aan en rond de Grote Markt op te zoeken. Ook het FotoMuseum heeft een plek aan de Waalsekaai. De zuidgrens van de wijk wordt bepaald door het Justitiepaleis met de zeilvormige dakelementen. De verpaupering waaraan de wijk halverwege de 20e eeuw ten prooi viel, is gekenterd.

Aan de Stroom

Een vergelijkbaar verhaal gaat op voor de wijk Het Eilandje, wat lange tijd de nieuwe Antwerpse haven was. Met het verschuiven van de havenactiviteit dichter naar de Scheldemonding kwam er heel wat leegstand. Hangars, pomphuizen en huizen van scheepsmagnaten doen nu dienst als trendy restaurants, met inmiddels al bewezen goede culinaire reputatie. Door behoud van originele bouwelementen zijn het bovendien interessante ruimtes. Daartussen staan nog pakhuizen in staat van verval, maar wie de laatste resten van het authentieke karakter nog wil zien moet snel zijn, want projectontwikkelaars zijn voortvarend bezig. De oude haven, in de wijk Het Eilandje, heeft zich intussen als een nieuwe hotspot van de stad ontwikkeld. Daar is het nieuwe Museum Aan de Stroom (MAS) aan het Bonapartedok een blikvangend middelpunt.

Het Eilandje is ook de wijk waar de Antwerpse schilder Eugeen Van Mieghem woonde, observeerde en schitterende schetsen van de bevolking maakte (zie blz. 32 en 45).

Het Museum Aan de Stroom, op Het Eilandje

Onderaardse stad

Al sinds 1100 kent Antwerpen een uitgekiend waterstelsel. Behalve als watertoevoer – niet bedoeld als drinkwatervoorziening – dienden vesten, vlieten en grachten tevens als verdedigingslinie en transportweg. Pas eeuwen later werden de ruien ook als riool gebruikt. Eindeloos zijn de ruien uitgebouwd en verfijnd. Oorspronkelijk was het een open grachtensysteem waar met hoog tij bootjes in konden varen. Zo stonden Koolvliet en Boterrui in open verbinding met de Schelde, van de ruien afgesloten door een schuif (verticale sluis). Met het toenemen van het inwonertal ontwikkelden de ruien een enorme stankoverlast. Verbetering kwam na inmenging van Napoleon en zijn gezagdragers, toen de ruien overwelfd werden. Later volgden de beerputten, luchtschouwen en een gescheiden rioolwaterafvoer. In 1991 ging de laatste ruienopzichter met pensioen. Aan de Suikerrui is de toegang tot het onderaardse gangenstelsel; zie Ruihuis bij Hoogtepunt 1 voor rondleidingen door de onderaardse stad.

Modestad

De Antwerpse mode is niet van gisteren. Wat in Parijs werd ontworpen, is al sinds jaar en dag door Antwerpse naaisters nauwgezet nagemaakt. In de Leopoldstraat bevonden zich ateliers waar in de loop van de 20e eeuw wel tot 150 naaisters in dienst waren. Sommige zaken kochten hun stoffen en accessoires in Parijs. Want Antwerpen had ruim voldoende madames voor wie couture deel was van het dagelijks leven.

Na de Tweede Wereldoorlog kwam er een ommekeer, prêt-à-porter raakte *en vogue* en kwam in scheeps- en vrachtwagenladingen naar de stad. De jaren zestig en zeventig waren de genadeslag voor de naaiateliers.

Tegelijkertijd kwam er vanuit de Academie voor Schone Kunsten een nieuwe beweging op gang. Mode en design werden een statement. In hoge mate geholpen door de lichting studenten van de vroege jaren tachtig trad een zestal jonge ontwerpers, vers van de Modeacademie, voor het voetlicht. Ze braken internationaal door (zie blz. 51). Nu hoefde voor ontwerpen niet langer de blik louter op Parijs en andere buitenlandse steden gericht te blijven. Omgekeerd oefenen juist Antwerpse modeontwerpers nu hun invloed tot ver buiten de landsgrenzen uit. In het hedendaagse stadsbeeld zijn veel ontwerpers –zowel gevestigde namen als aankomende – te vinden in de wijk Sint-Andries.

Ook Sint-Andries

Een veel ouder ambacht komt in de wijk Sint-Andries tot uiting in het Museum Plantin-Moretus, dat is gewijd aan de boekdrukkunst. Het museum staat aan de Vrijdagmarkt, waar op vrijdagochtenden tal van goederen onder de veilinghamer van eigenaar wisselen. Loop ook even binnen in de kerk van Sint-Andries. De kerk staat midden in de volksbuurt Sint-Andries, die ondanks de modescene overwegend een woonwijk is gebleven.

Meir en meer

De Meir, de grote winkelslagader van de stad, heeft het afgelopen decennium een facelift ondergaan. De voetgangerszone is uitgebreid en de voormalige stadsfeestzaal vormt het decor voor een nieuw winkelcentrum. Zijstraten nodigen tot dolen uit; daar houden zich bijzondere boetieks verborgen, bevinden zich delicatessen- en andere speciaalzaken. Kijken en kopen zijn er een genot, maar ten zuiden van de Meir wel voor een gevuldere beurs. Letterlijk hoogtepunt aan de Meir is de Boerentoren, een wolkenkrabber uit het interbellum. De overige panden dateren in hoofdzaak van de 18e en 19e eeuw.

Wie van de Meir verder zuidwaarts dwaalt, ontdekt een alleszins verrassende wijk waar de 16e, 19e en 20e eeuw zich beurtelings presenteren. Mis de schitterende stijlkamers en kunstwerken in het Museum Mayer Van den Bergh niet. Antiek en brocante is in en rond de Leopoldstraat te koop. De wijk Kruidtuin is tevens de theaterwijk. Nog altijd is iets van de Franse bourgeoisie te proeven in dit voormalige Quartier Latin. Tevens de plek om beroemdheden te spotten.

Stadswapen

Het stadswapen van Antwerpen laat in het wapenschild een afbeelding zien van de stadsomwalling rond een oude burcht. Daarboven prijken twee 'Antwerpse' handen, verwijzingen naar de rechten van de hertog op de Schelde en de privileges van de stad. De rozen in de krans rond het schild symboliseren het hooggerecht, de burgerlijke rechtspraak, het leenhof, de burchtvrijheid, het poortersrecht en de tolvrije vaart. Een andere uitleg verwijst naar deugden: geduld, trouw, vrijgevigheid, zachtaardigheid, troost en genade. Daarboven is een markiezenkroon. De wildeman en wildevrouw aan weerszijden van het schild staan voor de oorspronkelijke bewoners van het land. In grote lijnen wordt dit wapen sinds de 16e eeuw zo gevoerd; Napoleon liet het iets aanpassen, maar dat is aan het einde van de 19e eeuw teruggedraaid.

Sterrenkoks

Antwerpen is een stad van fijnproevers. Dat is af te lezen aan de vele uitstekende traiteurs en delicatessenzaken, lang niet alleen op het gebied van chocolade. Ook buiten de deur stellen Antwerpenaren hoge eisen, aan versheid en aan presentatie. Natuurlijk staan er nog Vlaamse klassiekers op diverse menukaarten, maar eigentijdse toepassingen zijn minstens zo gemeengoed. Onder de Michelinsterdragers (stand 2011) zijn de in deze gids besproken Dôme en Het Gebaar. Verrassend zijn ook de diverse restaurants op bijzondere locaties: een pomphuis, een redershuis, een gewelfkelder of op de bovenverdieping van het MAS. Andere bijzonderheid in Antwerpen is hoe de gastronomie zich

Feiten en Cijfers

Bevolking: Antwerpen heeft 511.716 inwoners (01-01-2013) en is de grootste stad van Vlaanderen.
Ligging en grootte: De afstand tussen Utrecht en Antwerpen bedraagt 125 km, tussen Brussel en Antwerpen ongeveer 50 km. De Grote Markt bevindt zich 7,50 m boven de zeespiegel. In noordzuidrichting overspant Antwerpen 26 km, in oostwestrichting 11 km. De Schelde mondt nu 88 km westelijk in zee uit. Van de in totaal 20.451 ha wordt bijna eenderde door het havengebied ingenomen.
Bestuur: Antwerpen is bestuurlijk verdeeld in de districten Antwerpen, Berchem, Berendrecht-Zandvliet-Lillo, Borgerhout, Deurne, Ekeren, Hoboken, Merksem en Wilrijk. Binnen het district Antwerpen heeft de N-VA (Nieuw-Vlaamse Alliantie) de meeste zetels, gevolgd door het sp.a-CD&V; veel kleiner zijn het Vlaams Belang, PVDA+, Groen en Open VLD. Gemeente- en districtsraadsverkiezingen vinden om de zes jaar plaats, volgens schema eerstvolgend in 2018. Bart De Wever (N-VA) is sinds 01-01-2013 burgemeester van Antwerpen.

Het stadswapen van Antwerpen

ontwikkeld heeft in samenspraak met winkelen. Zo zwaait een veelbelovende chefkok de scepter in de keuken van *concept store* Graanmarkt 13.

Typisch Antwerpen

Typisch Antwerps zijn de Antwerpse Handjes, zowel als chocolade als in de vorm van een knapperig koekje verkrijgbaar (zie Eten en drinken). Ze hebben een cultuurhistorische achtergrond: de hand van de tyranniserende stadsreus die door de Romein Brabo werd afgehakt (zie blz. 30).

Bierliefhebbers laten zeker hun kans niet voorbijgaan een *bolleke* te proeven: het echt Antwerpse bier van brouwerij De Koninck. Het wordt traditioneel in een bol glas op voet geserveerd. Een gewoon biertje heet hier een pintje.

In vrijwel elke wijk bevindt zich een ambachtelijke chocolatiers / patissiers waar de heerlijkste pralines – want zo heten bonbons hier – worden vervaardigd en verkocht.

Wie toe is aan een heuse diamant kan bij uitstek in Antwerpen terecht. Minstens zo origineel is een sieraad, al dan niet met diamant, van zilver, goud of (half)edelsteen van een Antwerpse ontwerper. Ook een trouwjurk van een plaatselijke modekoning- of koningin kan een duurzaam souvenir blijken.

Voor boekenliefhebbers zijn er tal van adressen, zowel antiquariaten als moderne boek- en striphandels.

Markten

De beroemdste markt van Antwerpen is de zondagse Vogelenmarkt op het Theaterplein. Heel vroeger werd hier louter (pluim)vee verkocht om vet te mesten en in de pan te verdwijnen. Later stonden hier ook kramen met huisdieren als honden, katten en cavia's. Nu worden er allerhande artikelen en producten aangeboden, plus nog een handvol (zang) vogels.

Maandelijks, van maart tot en met oktober, wordt op het De Coninckplein een tweedehands boekenmarkt gehouden. Eind oktober / begin november vindt een enorme boekenmarkt plaats in de Expo.

Geschiedenis, heden, toekomst

Oude Steen en nieuwe stad

Het oudste bewijs van bebouwing in Antwerpen is Het Steen. Deze burcht vormde deel van de versterking. Waar nu de Suikerrui is, waren een binnenhaven en een werf. Met elke uitbreiding van de stad die volgde, werden nieuwe verdedigingsgrachten aangelegd. De oude grachten kregen vervolgens een functie als transportader, tegelijkertijd kon het afvalwater een weg vinden. Zo ontstonden in de stad tal van binnenhaventjes, waaromheen zich markten ontwikkelden. Vooral ten noorden van het historisch centrum bij de Stadswaag ontstond zo een levendig handelshart. Zuidwaarts ontwikkelde zich de Vrijdagmarkt als een van de nieuwe kernen.

Wol, diamanten en boeken

De bloei was voor een groot deel te danken aan de Engelse import van wol – tot lakense stoffen verwerkt, Duitse metalen en Portugese specerijen. In 1531 werd De Beurs gebouwd, de fondsen- en wisselmarkt waar Europese vorsten geregeld geld leenden. De stad had suikerraffinaderijen, diamantbewerkers en boekdrukkerijen. De diamanthandel is nog altijd van zeer groot belang voor Antwerpen. En wat de boekdrukkunst betreft, de stempel die Christoffel Plantijn achterliet aan de Vrijdagmarkt is onuitwisbaar.

Haven en hervormingen

De haven- en handelsactiviteiten hadden tegen de 16e eeuw van Antwerpen een rijke stad gemaakt. Met rasse schreden ging de stad dan ook zijn Gouden Eeuw in. Als drie grote meesters uit deze periode worden de schilders Rubens, Van Dyck en Jordaens genoemd. Daarvoor hadden al Quinten Metsys, de Brueghels en andere notoire collega's baanbrekend schilderwerk geleverd. Het humanisme was in verre ontwikkeling, wetenschappers als Lipsius, Mercator en Ortelius oefenden volop invloed uit. De stad groeide voort.

Een politieke omwenteling zette een rem op de bevolkingsgroei. De hervorming kreeg vat op de wereldstad Antwerpen, de Beeldenstorm raasde er in 1566 doorheen. Van 1577 tot 1585 stond de stad aan de kant van de calvinistische opstandelingen tegen het Spaanse gezag. Prins Willem van Oranje woonde er een poos, maar vertrok in 1583 naar Den Haag. Vervolgens namen Spaanse troepen – na andere Vlaamse steden – Antwerpen in 1585 in, na een beleg dat ruim een jaar had geduurd.

Scheldeafsluiting

Een maatregel van de noordelijke gewesten tegen de Spaanse verovering was de afsluiting van de Schelde. De belangrijkste transportslagader werd daarmee afgebonden. Het inwonertal daalde rap, van zo'n 100.000 in 1570 tot 40.000 in 1590. De uittocht had zowel economische als religieuze redenen. Velen trokken naar Amsterdam, dat de vruchten plukte van de kunsten en gevulde beurzen die de migranten meenamen. Bij het Verdrag van Münster (1648), het einde van de Tachtigjarige Oorlog, werd de sluiting van de Schelde bekrachtigd.

Franse tijd

Pas onder Frans bewind (1792-1815) kwam daar verandering in. De haven werd onder Napoleon uitgebouwd met militaire bedoelingen, de havenactiviteit verschoof noordwaarts (Bonapartedok). Sluizen werden aangelegd om de getijde-effecten in de stad te minimaliseren. De Scheldekaaien kregen een facelift: de stadsmuren en de kades verdwenen.

Verenigde Nederlanden – van korte duur

Na de nederlaag van Napoleon bij Waterloo werden in 1815 de Nederlanden herenigd. Antwerpen figureerde in de nieuwe natie als grootste haven. De Belgische opstand in 1830 vond dan ook weinig steun in Antwerpen.

België onafhankelijk

De Belgische Revolutie eindigde in de stichting van het nieuwe koninkrijk. Wederom werd de Schelde afgesloten, als de navelstreng met Nederland doorgeknipt, maar vanaf 1863 ging de doorvaart definitief open. De inhaalslag werd gemaakt. Ook al omdat inmiddels veel grotere schepen werden ingezet, moest de haven grondig worden gemoderniseerd. Volledig werd daarbij op het noorden van de stad gericht. Grachten en kanalen in het centrum werden gedempt. Aan de Schelde kwam een lange, rechte kade van drie kilometer lengte. Alleen Het Steen bleef overeind.

Naoorlogse uitbreiding

Zware beschadigingen tijdens de Tweede Wereldoorlog sloegen gaten in de historische stad, waardoor ook Antwerpen niet van naoorlogse bouw verstoken bleef. Gelukkig konden veel oude panden worden gerestaureerd.

Van 1956-1967 werd de haven tot aan de Nederlandse grens uitgebreid. In 2005 werd het Deurganckdok in Doel ingewijd. Het is het grootste containerdok ter wereld.

Stad in beweging

Zoals in elke oude stad zijn ook in Antwerpen altijd wel intensieve renoveringen – zowel onder- als bovengronds – aan de gang. Zo verzekert het verleden zich van een plek in de toekomst waarbij zich verrassende hoekjes en wijken met nieuwe aanblik in het spotlicht zetten.

Het Steen, de oude Antwerpse burcht

Reizen naar Antwerpen

Met de auto

Vanaf Utrecht is het 125 km naar Antwerpen, vanuit Brussel ongeveer 50 km. Kijk voor een routeplanner op www.anwb.nl of www.vab.be. De A1 / E19 voert van Breda naar Antwerpen; kies voor bezoek aan het centrum de noordelijke afrit Antwerpen-Centrum / Merksem. Blijf Centrum volgen, over de Noorderlaan en Italiëlei komt u binnen. Dan kiezen tussen Historisch Centrum (Grote Markt) of Meir (Meir winkelstraat, Centraal Station / Zoo).
Uit Eindhoven, Luik of Hasselt gaat de E34, volg Antwerpen-Centrum / Borgerhout afrit 17; u komt binnen bij de Noordersingel/Singel. Dan kiezen Historisch Centrum of Meir.
De A1 / E19 komt uit de richting van Brussel via de afrit Antwerpen-Centrum binnen bij de Singel. De ringweg van Antwerpen is – zoals bij alle grote steden – filegevoelig.
Informatie over de wegen en de actuele verkeerssituatie is verkrijgbaar bij de Vlaamse Automobilistenbond (VAB) in Antwerpen www.vab.be en bij Touring, de Belgische zusterorganisatie van de ANWB, op www.touring.be. Zie ook www.wegeninfo.be voor informatie over het verkeer en de wegen in België.
Verkeersregels: het maximaal toegestane alcoholpromillage is 0,5. Bellen achter het stuur is ook in België verboden. Het is verboden te parkeren voor openbare gebouwen en naast een witte of gele streep op de weg. Maximumsnelheden: binnen de bebouwde kom: 50 km/u, buiten de bebouwde kom: 90 km/u, op de snelweg: 120 km/u.
Pech onderweg: Met de Wegenwacht Europa Service van de ANWB is hulp bij pech gratis. België kent de TCB (gele auto's), de RACB (rode auto's) en de VAB (witte auto's met tekst 'Pechdienst'). Bij een praatpaal kunt u vragen naar Touring Secours (Touring Wegenhulp). Anders belt u het centrale nummer 070 34 47 77 (dag en nacht bereikbaar).

Met de trein

Over het traject Amsterdam – Antwerpen doet de trein (Thalys) iets minder dan twee uur. Enkele reis Amsterdam – Antwerpen vanaf € 25, reizigers uit Utrecht moeten overstappen in Rotterdam. Zie voor meer informatie www.nshispeed.nl.
De Belgische Spoorwegen bieden B-dagtrips, op internet te boeken en zelf uit te printen, met behalve de treinreis toegang tot attracties als de Zoo Antwerpen en Planckendael; zie www.b-rail.be.

Met de bus

Eurolines rijdt vanuit Amsterdam, Utrecht, Den Haag, Rotterdam, Breda en Eindhoven naar Antwerpen, promotietarief vanaf € 10, reken gemiddeld op € 30; www.eurolines.nl.

Douane

Men is verplicht een paspoort of identiteitskaart, die tot en met het bezoek aan België geldig is, bij zich te dragen. Automobilisten dienen daarnaast een rijbewijs, kentekenbewijs, WA-verzekering en voor auto's ouder dan drie jaar een apk-keuringsbewijs bij zich te hebben.
Ook hond en kat dienen te beschikken over een Europees paspoort en een in-

entingsbewijs tegen rabiës, dat niet recenter dan 30 dagen en niet ouder dan 12 maanden mag zijn. Daarnaast is het verplicht een identificatie bij het dier te laten aanbrengen.

Reizen in Antwerpen

Met de auto

Parkeren: Volg afhankelijk van uw bestemming borden naar Historisch Centrum (Kaaien/Grote Markt), Centrum (Groenplaats / Oudaen /Meir), Centraal Station-Zoo of Meir-Schouwburg. Parkeergarages en parkeerplaatsen zijn in handen van Q-Park, Interparking, APCOA en VINCI Park, zie respectievelijk www.q-park.be, www.interparking.be, www.apcoa.be en www.vincipark.be.
Gratis parkeren kan aan de rand van de stad op de Park & Rideparkings: in Merksem op de Keizershoek (neem tram 3), bij Metropolis (neem tram 6 of bus 720, 730, 770 of 775), in Melsele (neem tram 3), op de Linkeroever aan de Blancefloerlaan (neem tram 2, 3 of 15). In de stad zelf zijn gratis parkeerplaatsen te vinden op de Singel, aan de Desguinlei, op de Gedempte Zuiderdokken en aan een deel van de Scheldekaaien.
In de blauwe zones geldt een beperking van maximaal twee uur. Zie voor tarieven, routes en actualiteiten ook www.parkereninantwerpen.be.

Met de bus, tram en metro

Losse tickets zijn bij de bestuurder te koop (€ 2 voor 1 of 2 zones, € 3 voor 3 zones). In de voorverkoop zijn de prijzen resp. € 1,20 en € 2. Verkooppunten zijn het Centraal Station en tal van bladenwinkels en supermarkten. Een individuele dagpas kost bij de bestuurder € 7 en in voorverkoop € 5 (drie dagen € 12 en € 10). Voor meer informatie: De Lijn, tel. 070 22 02 00, www.delijn.be.

De **Antwerp City Card** geeft 48 uur gratis toegang tot alle Antwerpse musea – zowel de permanente als tijdelijke collecties – en monumentale kerken. Bovendien krijgt u korting op attracties, sightseeing en fietsverhuur. De kaart kost € 28 en is verkrijgbaar bij Antwerpen Toerisme & Congres, aan de balies en online.

Met de taxi

Taxi's staan bij het Centraal Station, station Antwerpen-Berchem en bij de Groenplaats. Vertrektarief € 2,75, per kilometer € 1,50, nachttoeslag (tussen 22 en 6 uur) € 2. Antwerp Tax tel. 03 238 38 38. Metropole tel. 03 231 31 31. Algemene Antwerpse Taxicentrale tel. 03 216 16 16.

Op de fiets

Wie kriskras de stad wil verkennen, kan een fiets goede diensten bewijzen. Bij voorkeur reserveren. Verhuur is mogelijk op het Centraal Station; Freewieler, Steenplein, tel. 03 213 22 51 (apr.-sept. dag.); De Fiets-Dokter, Verschansingstraat 48, tel. 03 237 82 54 (ma.-za.). De Ligfiets, Steenhouwers-vest 25, tel. 03 293 74 56 (wo.-za. 11-18 uur). Zorg dat u een slot meekrijgt en de fiets daarmee zo veilig mogelijk parkeert. Contractueel bent u zelf aansprakelijk bij diefstal en vernieling; daarvoor dekt uw eigen – doorlopende – reisverzekering.

Stadsrondritten

Te voet

Stad Antwerpen: Grote Markt 13, duur: 2 uur, € 8 p.p. (in voorverkoop € 6). Aanbevolen is de stadswandeling een dag tevoren te bespreken in het kantoor aan de Grote Markt 13 of maak een reservering op tel. 03 232 01 03. Elke zaterdag en zondag, in juli en augustus elke dag, publieke wandelroutes door

het historische centrum; vertrek om 14.30 uur bij het toeristenkantoor.
Daarnaast biedt Stad Antwerpen tientallen thematische stadswandelingen aan voor groepen (circa € 65 voor 2 uur).
Antwerpen Averechts vzw Permeke: De Coninckplein 25, tel. 03 260 39 39, www.antwerpenaverechts.be. Een goede particuliere gidsenorganisatie die tal van excursiesmogelijkheden biedt. Bij uitstek thuis in de minder voor de hand liggende stadswijken.
Culinaire wandelingen vzw: Vleminckstraat 5, tel. 0493 72 28 56, www.culinairewandelingen.be. Op afspraak kunnen culinaire ontdekkingstochten worden gemaakt met thema's als bier, wijn, whisky, zinneprikkeling of Spaanse lekkernijen. Voor groepen vanaf zes personen.

Met de tram

Op de Groenplaats vertrekken de rode en blauwe **toeristtrams** met wagons. Informatie wordt meertalig via een bandje gegeven (tenzij de route moet worden aangepast!). Tijdens het hoogseizoen dagelijks van 11/12-16/17 uur, overige maanden in het weekeinde (half december tot half februari op afspraak), zie ook het informatiebord op de Groenplaats, tel. 03 480 93 88. Ritprijs € 6 per volwassene, jonger dan 6 jaar gratis.
Lijn 8: Een goedkoop oriënterend tramritje, hoewel niet specifiek als toeristische rondrit bedoeld, is lijn 8; opstappen bij het Justitiepaleis, voert tot in de wijk Zurenborg.

Met de bus

Antwerp Diamond Bus: De Keyser-lei (voor het Centraal Station), Ticket € 11 volwassene, kind € 6; 24 uur geldig. Dubbeldekkers vertrekken vanaf het centraal station elk uur van 10.30 tot 16.30 uur, van begin april tot begin november. Uitleg onderweg via koptelefoon en taal naar keuze. De route gaat via het Stadspark, de Groenplaats, het Museum voor Schone Kunsten, de Michielskaai, het Steenplein en de Londenstraat. Onderweg zijn uit- en opstapmogelijkheden.

Paardentram of -koets

Paard en koets: tel. 03 353 82 70, www.koetsen-vervoort.be, ritten duren 25 minuten, prijs circa € 24. De koetsen van Vervoort – meestal open – rijden in juli-augustus, de paasvakantie en de rest van het jaar de weekenden bij goed weer. Start op de Grote Markt en neemt de smalle straten door het historische centrum: Vrijdagmarkt, Kaai, Zirkstraat (Beenhouwerswijk); het verhaal van de stad en bewoners wordt persoonlijk verteld.
Daems: Grote Markt voor het Stadhuis, tel. 0475 74 66 20. De koets met paard van Daems maakt 's zomers en in de weekeinden ritten van 10 of 20 minuten (€ 13 en € 23).
Paardentram Jut en Aer: tel. 03 669 85 20, www.werkendtrekpaard.be. De tram lijkt op een postkoets uit vervlogen tijden waar passagiers binnen of bovenop kunnen zitten. Jut en Aer staat van april tot in oktober markant op de Grote Markt; ritpijs € 5, geen begeleidende informatie onderweg.

Rondvaarten

Rederij Flandria vaart over de Schelde en door de haven. Vertrekpunt voor 50 minuten durende Scheldetochten is het Steenplein, van mei tot en met september van wo.-zo. om 13, 14, 15 en 16 uur, in juli-aug. dagelijks, in oktober alleen het weekeinde; prijs € 7.
Een Havenrondvaart van 2,5 uur (kan uitlopen als sluis- en brugopening tegenzitten) vertrekt aan de Kaai 14 bij de Londenbrug, van mei-sept. dagelijks om 14.30 uur, in okt.-nov. van vr.-zo.;

prijs € 14. Onderweg wordt live-verslag gedaan van passerende schepen, opslagloodsen, containerladers en bruggen. Flandria, Steenplein, tel. 03 231 31 00, www.flandria.nu.
Boottochten door het uitgebreide havengebied (di. om 13 uur, € 15) maar ook naar Rupelmonde (wo. om 14 uur, € 15) en naar Brussel (vr. om 9.30 uur, € 29) worden georganiseerd door Rivertours Antwerpen, Steenplein, tel. 03 711 38 22, www.rivertours.be. Van mei tot en met september; reserveren noodzakelijk.

Feestdagen

1 januari: nieuwjaar
2 januari: 2e nieuwjaarsdag
maart of april: Pasen, Paasmaandag
1 mei: Feest van de Arbeid
mei of begin juni: Hemelvaartsdag
mei of begin juni: Pinksteren, Pinkstermaandag
21 juli: Nationale Feestdag (Onafhankelijkheidsdag)
15 augustus: Maria Hemelvaart
1 november: Allerheiligen
11 november: Wapenstilstand
25 december: Kerstmis
26 december: Tweede Kerstdag

Feesten en festivals

Sinksenfoor: Pinksteren t/m juli, www.antwerpse-sinksenfoor.be. Kermis op het grote terrein tussen Vlaamse- en Waalsekaai.
Fashion Show: juni, www.antwerp-fashion.be. Eindexamen van de studenten aan de Modeacademie. Mode krijgt van september 2013 tot half februari 2014 extra aandacht i.v.m. het 50-jarige bestaan van de modeafdeling. Zie daarvoor www.hbda.be.
Vitrine: juni, tijdens de modeshow, www.ffi.be/vitrine. Het Flanders Fashion Institute (FFI) biedt een drieweeks forum voor Belgische modeontwerpers. Een evenement dat hoog op de Europese modekaart staat. Even jaren in Antwerpen, oneven jaren in Gent.
Bier Passie Weekend: eind juni, www.beerpassion.com. Bierfestival op de Groenplaats met oude en nieuwe bieren; bezocht door serieuze biercommissies en passerende bierliefhebbers.
Zomer van Antwerpen: juni en augustus, www.zomervanantwerpen.be. In het stadscentrum en andere wijken is een uitgebreid programma openluchtvoorstellingen, theater en muziek.
Moederdag: 15 augustus. Alleen in Ant-

Bijzondere vrije dagen

Voor Nederlandse bezoekers zijn er enkele verrassende dagen waarop Antwerpse winkels gesloten blijven:

2 januari	Tweedenieuwjaarsdag
1 mei	Feest van de Arbeid
11 juli	Feest van de Vlaamse Gemeenschap (niet alles gesloten)
21 juli	Onafhankelijkheidsdag (niet alles gesloten)
15 augustus	Maria Hemelvaart
1 november	Allerheiligen
11 november	Wapenstilstand 1918

Ook de christelijke feestdagen (Pasen, Hemelvaart, Pinksteren en Kerstmis) zijn algemene vrije dagen. Daarentegen is de voor Nederlanders vrije 30 april een dag waarop u hier wel in winkels terechtkunt.

werpen op deze datum; drukbezocht is het moederdagconcert in de Pauluskerk.
Rubensmarkt: 15 augustus. Marktkramen en marskramers op de Grote Markt en in omliggende straten dragen 17e-eeuwse outfit. Op de Handschoenmarkt verzamelen zich antiek- en brocantehandelaren.
Laus Polyphoniae: augustus, www.amuz.be. Concerten oude muziek en polyfonie op verschillende locaties.
Jazz Middelheim: half augustus, www.jazzmiddelheim.be. In een uniek kader: het prachtige park Den Brandt (Beukenlaan). Jazz met topsolisten en jazzorkesten.
Bevrijdingsfeesten: 1e weekend september. Herdenking bevrijding van Antwerpen.
Laundry Day: 1e weekend september, www.laundryday.be. Festival met aanstormende generatie dj's, in Het Eilandje; vrij toegang.
Feest O.L.V. van de Rozenkrans: eerste zondag van oktober, processie van de Broederschap Onze-Lieve-Vrouwe van de Heilige Rozenkrans (Sint-Pauluskerk) met Scheldewijding op het Steenplein.
Boekenbeurs: eind oktober-half november, www.boekenbeurs.be / www.boek.be. Festijn voor boekenliefhebbers in de Antwerp Expo, waaraan honderden auteurs uit binnen- en buitenland bijdragen met interviews en lezingen over de nieuwste boeken.
Night of the Proms: eind oktober / eind november. www.sportpaleis.be. In het Sportpaleis speelt het klassieke orkest Il Novecento onder leiding van Robert Groslot met grote vedetten uit de pop- en rockwereld. Een succesvolle combinatie.
ART-A: laatste weekend november en eerste weekend december, www.art-a.be. Kunstmanifestatie van galeries en antiquairs.

Wegwijzers: In de binnenstad staan wegwijzers. Daarop ziet u bovenaan in welke wijk u zich bevindt; de wijkindeling staat op de informatieborden. Oranje pijlen wijzen de richting van andere wijken aan, inclusief het aantal minuten wandelen daarnaartoe. Bezienswaardigheden binnen een wijk staan met grijszwarte pijlen aangegeven. Ook staan er suggesties voor wandelroutes die elk een klein uurtje in beslag nemen.

Feest in 't stad: december / begin januari. Tal van festiviteiten in de eindejaarsperiode, met onder meer een kerstmarkt op de Groenplaats, Handschoenmarkt en Suikerrui en een ijspiste en een chaletdorp op het Steenplein.

Geld

Om te kunnen pinnen, moet het logo van uw pas overeenkomen met die bij de automaat. Er staan onder meer geldautomaten bij het postkantoor aan de Pandstraat, bij de Boerentoren en bij de filialen van de BNP-Fortisbanken aan Wapper en Lijnwaadmarkt. In veel winkels en restaurants kan met pinpas worden betaald.

Informatie

Toeristenbureau in Nederland

Toerisme Vlaanderen: Koninginnegracht 86, NL-2514 AJ Den Haag, tel. 070 416 81 10, www.toerismevlaanderen.nl.

Toeristenbureaus in België

Toerisme Provincie Antwerpen: Koningin Elisabethlei 16, B-2018 Antwerpen, tel. 03 240 63 73, www.provant.be.
Antwerpen Toerisme & Congres: Grote Markt 13, B-Antwerpen, tel. 03 232 01 03, www.visitantwerpen.be.

Internet

Internetcafés zijn er nauwelijks in Antwerpen; wel hebben veel hotels en diverse cafés wifi. Waar dat gratis wordt aangeboden staat op www.hierisgratiswifi.be/hotspots/Antwerpen.

Kinderen

Dierenparken

Welk kind houdt er nu niet van dieren? De **Antwerpse Zoo** is voor jong en oud een vermakelijk tijdverdrijf. Door de centrale ligging is een bezoek gemakkelijk in een uitgebreider programma in te passen. Kinderwagens zijn te huur. **Aquatopia** laat de wereld onder water zien. Je ziet er haaien van dichtbij en tal van tropische vissen als ... Nemo! Er zijn ook reptielen en amfibieën te zien.

Musea voor kinderen

Voor kinderen met enige belangstelling voor geschiedenis, zoals de onderwerpen ridders of scheepvaart, zijn diverse attracties beslist de moeite waard. Op een aantal plaatsen worden kinderen extra uitgedaagd. Zo zijn er in het aan de boekdrukkunst gewijde **Museum Plantin-Moretus** speurspelletjes van kinderen van 8-12 jaar (zaal 7, vraag bij de balie naar de sleutel), voor jongere kinderen is er de brochure 'Sprekende prenten'. Ouders vinden het antwoordenvel in de begeleidende folder.

Voor kinderen van 9-14 jaar is er een leuke maar pittige snuffelwedstrijd naar dierendetails op diverse doeken in het **Rockoxhuis**.

Voor elke tentoonstelling van het **Foto-Museum** wordt een fotospeurtocht in spelvorm gemaakt voor gezinnen. In de – Belgische – schoolvakanties zijn diverse jeugdworkshops (ook oudere jeugd), bijvoorbeeld over persfotografie.

Zondag is Familiedag in het **M HKA**, van 14-16 uur met zoekopdrachten, wandelgesprekken en creatieve activiteiten.

Met wat speciale belangstelling voor muziek zullen zeker wat oudere kinderen geboeid worden in het **Museum Vleeshuis**; de beiaard mogen bezoekers zelf bespelen.

Kinderen kunnen in het Middelheim-(openluch)museum, prima helpen zoeken naar de beelden van het **Middel-heimpark**. Voor verschillende leeftijden zijn spelkoffers gratis te leen (bij het documentatiecentrum/kasteel). Ze kunnen er heerlijk en veilig rennen.

Stadsverkenning

Een stadswandeling van 3 uur is voor de meeste kinderen niet de uitdagendste manier om Antwerpen te leren kennen. Maar met kinderen is toch zeker een spannende ontdekkingstocht te maken. Laat ze zoeken naar symbolen op de gildehuizen en raden naar de stripfiguren (of hun eigen verhaal vertellen) op de stripmuren. Of maak een ritje door de stad per tram, koets, boot of dubbeldekker. Het goedkoopste is een ritje met De Lijn (€ 1,20-2), lijn 8 maakt een prima stadstour; de paardentram van Jut en Aer wordt door twee heuse Belgische trekpaarden voortgetrokken. Stimulerend kan ook het Suske & Wiskeverhaal *De 7 Schaken* zijn.

Piratenpret

Als dan de culturele belangstelling geheel op is of het weer erg tegenzit, is er

altijd nog het **Pirateneiland** (Kribbestraat 12, tel. 03 213 50 60, www.piraten eiland.be, 9.30/12-16/18 uur, m.u.v. feestdagen en hoogseizoen ma.-di. gesl., € 9, volwassenen gratis).
Het schip van Krikkebeen raakte zwaar gehavend tijdens zijn avonturen, hij besloot in het pakhuis te blijven waar hij nog net kon binnenvaren. Het piratenschip van Krikkebeen is de basis voor race- en glijbanen, ballenbaden, luchtbalspelen en nog veel meer. Wie moe wordt van de avonturen laat zich in de filmzaal vermaken. De begeleiders zitten intussen in de cafetaria.

Buitenspeeltuin

De grootste speeltuin is ongetwijfeld in het Nachtegalenpark (G. Le Grellelaan). En dan nog een ijsje bij De Melkerij.

Sportief plezier

Op Sint-Anneke, de Linkeroever van Antwerpen, is een fijn recreatiestrand met openluchtzwembad. Vanuit de stad te bereiken via de voetgangerstunnel bij het Sint-Jansvliet, ook een belevenis. In de wijk Het Eilandje, aan het Kattendijkdok, ligt de Badboot.

Kermis

Op het terrein tussen Vlaamse- en Waalsekaai staat in de zes weken na Pinksteren de Sinksenfoor, een zeer grote kermis. Op het terrein komt ook jaarlijks een circus.

Klimaat en reisseizoen

De invloed van de Noordzee zorgt voor een gematigd zeeklimaat. Met een gemiddelde maximumtemperatuur 's zomers van 22 graden Celsius en een winters gemiddelde van een graad of 7 is het hier nooit echt heet en nooit echt koud. Met neerslag moet u het hele jaar rekening houden, maar interessante plekken om te schuilen zijn er meer dan voldoende. Veel terrassen zijn overdekt en verwarmd en een groot gedeelte van het jaar geopend. Stadsrondleidingen per koets en tram en rondvaarten worden aangeboden van april tot en met september / oktober. De zomermaanden zijn bij uitstek festivalperiode, de agenda van podiumkunsten in de theaters loopt van september tot juni.

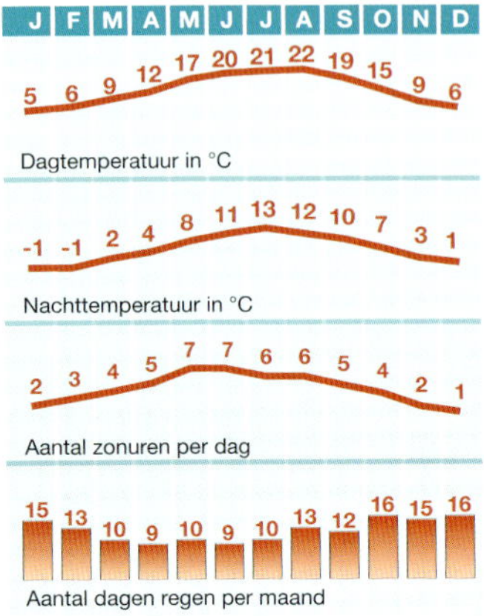

Het klimaat van Antwerpen

Openingstijden

De openingstijden voor musea en winkels kunnen veranderen. Controleer deze voor vertrek als het er voor u op aan komt. De openingstijden van musea, kerken en attracties lopen uiteen en worden bij de betreffende adressen genoemd. Algemene sluitingsdag is maandag. Sommige instellingen zijn alleen op werkdagen geopend. Enkele uitzonderingen daargelaten zijn de openings- en beschikbaarheidstijden van musea en attracties in de winterperiode beperkter dan in de zomer.

Winkels

De meeste winkels zijn maandag tot en met zaterdag geopend van 10 tot 18 uur. Afgezien van enkele op toeristen ingestelde winkels blijven de deuren op zondag gesloten.

Prijzen

In vergelijking met een verblijf in de grote Nederlandse steden en in Brussel valt het prijsniveau in Antwerpen gunstig uit, zeker wat eten, drinken en logies betreft. Veel musea zijn gratis voor bezoekers jonger dan 12 jaar, slechts 1 euro voor 12-26-jarigen en gratis voor allen de laatste woensdag van de maand.

Reizen met een handicap

Op www.visitantwerpen.be (Antwerpen op maat / Reizen met een handicap), staat veel informatie omtrent de toegankelijkheid van bezienswaardigheden en hotels maar ook over parkeerplaatsen en vervoersmogelijkheden voor minder validen. Zie ook het Infopunt Toegankelijke Reizen, www.toegankelijkereizen.be.

Rookvrij Antwerpen

Roken is in de horeca in principe niet toegestaan, tenzij er geen eten wordt geserveerd. Sommige etablissementen hebben aparte rookruimtes. Ook op terrassen mogen gasten roken.

Sport en activiteiten

Fietsen

Voor een snelle verplaatsing in de stad of een tochtje in de omgeving kan een fiets goed van pas komen. Zie Praktische informatie voor verhuuradressen.

Duurzaam reizen

CO_2-reductie: Kom met de trein naar Antwerpen en neem daar de fiets; er zijn diverse verhuurstations. Wie met een elektrisch voertuig komt, vindt een oplader in de parking van het Radisson Blu Astrid Hotel. Het hotel verricht meer inspanningen om ecologisch werken en leven te stimuleren.
EcoHuis: In het EcoHuis (Turnhoutsebaan 139, tel. 03 217 08 11) is een tentoonstelling over ruimte, water, energie en hout. Over hoe gif in ons milieu terechtkomt, het ozongat gestopt kan worden, het regenwoud gered en de afvalberg verkleind. Er is een inspirerende daktuin en het Ecocafé serveert bioproducten.
Biokeukens: Een groeiend aantal restaurants maakt gebruik van bio(dynamische) producten. Tot de trendsetters horen Biologisch-Dynamische Bakkerij La Campine (Cadixstraat 55) – in een voormalige brouwerij waar tevens bier wordt geschonken, Madre Tierra (Minderbroedersrui 47), Lombardia (Lombardenvest 78), Het Dagelijks Brood (Steenhouwersvest 48), Biologisch Dynamische Bakkerij (Volkstraat 17), De Broers van Julienne (Kasteelpleinstraat 45-47 en IJzerenwaag 4), Sjalot & Schanul (Oude Beurs 12) en Les Saveurs de Yamada (Kronenburgstraat 31). Haute Friture (Vlaamsekaai 66) is een zoveel mogelijk ecologisch werkende friture waar geen plastic gebruikt wordt.
Natuurlijke zwemvijver: In het park Boekenberg is een zwemvijver met natuurlijk filtersysteem.
Natuurkleding: Mandragora in de Beeldhouwersstraat 46 (B 7; di.-za. 10-18 uur) verkoopt natuurzuivere kleding voor dames, heren en kinderen – vooral ondergoed; huismerken zijn het Duitse Engel en REiff. Ook wordt duurzaam speelgoed verkocht.

Golf

De Royal Antwerp Golf Club (Torenlei 1, Kapellen-Antwerpen, tel. 03 666 84 56, www.ragc.be) is de oudste golfclub van België, in 1888 opgericht, na Pau de tweede van het Europese vasteland. Het parcours beslaat een Inner Course van 9 holes (par 34) en een Championship Course van 18 holes (par 73).

Joggen

Het Nachtegalenpark en het wandelpad aan de Linkeroever zijn joggingtrajecten bij uitstek.

Schaatsen

Een overdekte schaatsbaan van 60 bij 30 meter bevindt zich in Deurne, aan de Ruggeveldlaan 488; tel. 03 325 16 16. Tevens is hier een rolschaatsbaan. Van eind november tot en met Driekoningen staat een ijspiste op het Steenplein. Beide hebben schaatsverhuur. De Badboot heeft een ijsbaan van half november tot begin maart.

Sportagenda

Scheldecross: eind december / begin januari, www.scheldecross.be. Grote veldrit op en rond het Sint-Annastrand op de Linkeroever.

Antwerp Stars Cup: 2e week februari. Sportcomplex Extra Time, Hoboken, www.antwerpstarscup.be. Wereldkampioenschappen ballroom dansen.

Antwerp Diamond Tennis Trophy: half maart, www.vtv.be. In het tenniscentrum van KSC Maccabi in Hoboken; internationaal jeugdtoernooi.

Antwerp International Youth Swimming Cup: april, www.zolaswim.be. In het Olympisch Zwembad Wezenberg.

Antwerp Marathon: april, http://sport.be/antwerpmarathon. Naast een volledige marathon wordt in de 3e week van april de Antwerp Ten Miles gelo-

Stripmuur op de gevel van Korte Ridderstraat 8

Veiligheid en noodgevallen

Net als overal anders is het verstandig in Antwerpen goed op uw waardevolle spullen te letten en deze niet in de auto, fietstas of ergens onbewaakt achter te laten.

Algemeen alarmnummer: tel. 112

Politie: tel. 101

Diplomatieke betrekkingen

Nederlandse ambassade in België: Kortenberglaan 4-10, B-1140 Brussel, tel. 02 679 17 11, http://belgie.nlambassade.org.

Belgische ambassade in Nederland: Alexanderveld 97, 2585 NL-DB Den Haag, tel. 070 312 34 56, http://diplomatie.belgium.be/nl.

pen, waaraan bij de eerste run in 2007 ruim 1000 marathonlopers uit 18 landen meededen, inmiddels een veelvoud daarvan (www.dvvantwerp10miles.be). Ook zijn er een Ladies Run, Kids Run en een aflossingsmarathon. Het parcours van de marathon start op de Linkeroever en eindigt op de Grote Markt.

Antwerp Race: half oktober, www.antwerprace.be. Zeilwedstrijd met start in Breskens, Terneuzen en Hoboken, aankomst in Antwerpen.

Zwemmen

Zwembad Arena: Gabriël Vervoortstraat 8, Deurne, tel. 03 366 28 00.

Park Van Merksem: Van Heybeeckstraat 9, Merksem-Antwerpen, tel. 03 645 44 22.

Zwembad Sorgvliedt: Krijgsbaan 20, Hoboken-Antwerpen, tel. 03 827 17 04.

Zwembad Wezenberg: Desguinlei 17-19, tel. 03 259 23 11 en tel. 03 216 91 17. Olympisch 50-meterbad, voor baantjestrekkers. Omdat het voor kampioenschappen wordt gebruikt, kan het soms voor publiek gesloten zijn.

Zwemvijver Boekenberg: Van Baurscheitlaan / Park Boekenberg, Deurne-Antwerpen, tel. 03 411 19 95, mei tot half september, gratis toegang. Natuurlijk gefilterde zwemvijver met zwembadfaciliteiten en ligweide.

Openluchtzwembad De Molen: Wandeldijk 40, tel. 03 219 10 36, Antwerpen – Linkeroever. Kinderbad, 50-meterbad en ligweide. Van mei-half september.

Badboot: Kattendijkdok Oostkaai, zwemtijd reserveren kan op www.badboot.be; van half mei tot half september. Waterbassin (30 bij 9,5 m) op een 120 m lang schip – met loungeplek; 's winters ijsbaan.

Telefoon

Landnummer België: 0032

Landnummer Nederland: 0031

Bij internationaal bellen het netnummer zonder de 0 kiezen

Het kengetal van Antwerpen is (0)3

In openbare telefooncellen kunt u bellen met creditcard (duur) of telefoonkaarten, die te koop zijn bij benzinepompen, postkantoren, stations, boekhandels en krantenwinkels. Mobiel bellen is nog steeds duurder dan bellen met een telefoonkaart.

Toiletten

In sommige horecazaken moet voor gebruikmaken van het toilet worden betaald. Er zijn niet veel openbare toiletten; u vindt ze in elk geval in de kelderverdieping van de Stadsfeestzaal.

De 15 hoogtepunten

De Grote Markt, de kathedraal, sporen van Rubens en andere grote meesters, het winkelen, de diamanthandel: het zijn stuk voor stuk hoogtepunten. Dat Antwerpen in beweging is, blijkt wel uit de verschillende wijken die zich beurtelings door stadsvernieuwing extra in het blikveld zetten. Zonder uitzondering zijn er leuke eetadresjes; winkelen is bij uitstek voorbehouden aan de Meir en de straten ten zuiden daarvan.

1 Karakteristiek startpunt – Grote Markt en ruien

Kaart: ▶ C 4, kaart 2, Oriëntatiekaartje: blz. 33
Vervoer: Metro: Groenplaats

Karakteristiek startpunt van een wandeling door het oude centrum is de Grote Markt, een juweeltje van renaissance-architectuur. Het geeft direct de grandeur weer van Antwerpen in haar gouden 16e en 17e eeuw. Ook de gildehuizen zijn een nadere beschouwing waard. Niet zozeer van kunsthistorisch als wel folkloristisch belang is de fontein met het beeld van stadsheld Brabo die de hand van de reus Antigoon in de Schelde werpt. Op weg naar de Schelde is de toegang tot het onderaardse Antwerpen. En net om de hoek, tegenover de oude stadsburcht Het Steen, is een museum gewijd aan een bijzondere Antwerpenaar: Eugeen Van Mieghem.

De oorsprong van de driehoekige **Grote Markt** 1 voert terug naar de Frankische tijd. Maar pas in de bloeiende 16e eeuw werd het plein Grote Markt genoemd. In het midden staat een bronzen fonteinbeeld van Brabo, gemaakt door Jef Lambeaux in 1887. De reus Antigoon liet alle schepen die Antwerpen binnenvoeren hoge tol betalen. Uiteindelijk verloste de Romein Brabo de Antwerpenaren van dit juk, door de reus te lijf te gaan, zijn hand af te hakken en die in de Schelde te werpen. Dat zou volgens de legende de naam Antwerpen ('hand werpen') verklaren. Waarschijnlijker is het aangeworpen land ('aenworp') waarop de eerste nederzetting werd gevestigd. Maar dat had lang niet zo'n indrukwekkend beeld opgeleverd.

Vrouwe Justitia en Het Luipaard

De 16e-eeuwse charme van het plein komt van de **gildehuizen** 2. Veel van de panden aan de Grote Markt zijn oorspronkelijk, zoals nr. 38 van de Oude Waag / Gulden Balans, met vrouwe Justitia boven aan de gevel, en nr. 40

van het gilde van huidenvetters, later van de timmerlieden. Andere huizen zijn reconstructies, zoals Het Grooten Luipaard op nr. 15 en Het Wapenschild op nr. 25. Niet altijd eenvoudig zijn de gildes te herkennen. Op nr. 4 is een gedenkplaat aangebracht voor de schilder Antoon Van Dyck, die hier werd geboren.

Waardige zetel

Een mooi staaltje renaissance-architectuur laat het **stadhuis** 3 (1561-1565) zien. Sommige zuilen zijn van (Italiaans) marmer. De wapenschilden zijn van het hertogdom Brabant, het markgraafschap Antwerpen en dat van Filips II – die als koning van Spanje destijds over de Nederlanden regeerde. Hoog in een nis staat het beeld van Onze-Lieve-Vrouw, schutspatrones van de stad, tussen de wapenschilden zijn de figuren van Justitia en Prudentia te herkennen. De adelaar heeft zijn blik naar de keizerstad Aken, zetel van het Heilige Roomse Rijk, waarvan het markgraafschap Antwerpen deel uitmaakte. De salons hebben een weelderig 19e-eeuwse aankleding met schilderijen van baron Hendrik Leys (1815-1869) en zijn tijdgenoten.

Voor de zijgevel van het stadhuis is De Buildrager gewijd aan de havenarbeiders.

Suikerstad

Richting Schelde passeert u de Suikerrui, genoemd naar de talrijke suikerfabrieken die vroeger langs de gracht op deze plek stonden. In het Ruihuis heeft u toegang tot het onderaardse van de stad. Net voor de Schelde rechts, in de Kaasstraat, ziet u tussen de invulpanden nog een staaltje 16-eeuwse hoogbouw. Opvallend aan het hoekcomplex Suikerrui / Ernest Van Dijckkaai, gebouwd in 1903, zijn de levensgrote beelden.

De onderaardse stad

Aan de Suikerrui is de toegang tot de onderaardse **ruien** 4. Sinds een paar jaar kunnen de eeuwenoude stadsafvoerkanalen worden bezocht. De Lange Ruientocht betekent een stevige, modderige wandeling door een donker en beslist onwelriekend parcours. Ook wordt een deel gevaren. U krijgt ter plaatse regenlaarzen en een zaklamp te leen, een beschermend pak mag u houden (draag een broek!); neem een tasje

Onderaardse ruien

Detail uit 'Augustine met kleine Eugeen' (1903), een doek van Eugeen Van Mieghem

mee voor uw eigen schoenen. Met deze voorzorgsmaatregelen bent u voorbereid op een bijzondere ontdekking van het ondergrondse Antwerpen. Het gangenstelsel beslaat een netwerk van ruim 8 km en meer dan 200 gewelven. U ziet oude sluizen, bruggen, nissen en werven. En als bonus een blik op de rattenpopulatie en vrijwel uitgestorven spinnensoorten.

Schilder van het volk

Een kunstenaar die als geen ander de bedrijvigheid, het zware werk en de sociale aspecten van het leven en wachten in de Antwerpse haven heeft opgetekend is Eugeen Van Mieghem. Vele honderden tekeningen en schilderijen zijn van hem bewaard gebleven waarop hij in treffende lijnen zakkennaaisters, dokwerkers, cafébezoekers en emigranten neerzette. Een representatief deel van zijn werk is te zien in het **Eugeen Van Mieghem Museum** 5 in een prachtig rederspand aan de E. Van Dijckkaai.

Tentoongesteld zijn honderden tekeningen (potlood, krijt, sanguine en pastel) en een serie olieverfschilderijen, in hoofdzaak het latere werk van Van Mieghem. Prachtige olieverfdoeken zijn onder meer Vluchtelingen, Aan de Dokken en Breiende zakkennaaister. Opmerkelijk is de verwantschap met zijn tijdgenoten Steinlen en Kollwitz, ook de bewondering voor Rembrandt komt in Van Mieghems portretten tot uiting. In het museum zijn tevens familiedocumenten en materiaal met betrekking tot de Red Star Line. Voorjaar 2012 zal een afzonderlijk museum, gewijd aan de Red Star Line, worden geopend aan de Rijnkaai 15. De bovenverdieping van het redershuis heeft schitterend art-nouveau hout- en raamwerk. Zie voor meer informatie over Van Mieghem en de wijk waarin hij opgroeide Hoogtepunt 5.

Uitwaaien op de Schelde

Aan de Schelde bevindt zich het oudste deel van de stad. De aanblik van de oude burcht Het Steen is voldoende om een voorstelling van de oude middeleeuwen te krijgen. Over het zuidwandelterras zal de blik vooral naar het water gericht zijn. Hier is ook het vertrekpunt voor Schelderondvaarten.

Het Steen 6 dateert van rond 1200 en is het oudste gebouw van Antwerpen. Het was deel van een vesting. Karel V liet het rond 1520 renoveren. Bij de aanleg van de kaaien (19e eeuw) is Het Steen als enige historische pand langs de Schelde bewaard gebleven, zij het slechts ten dele. Lange tijd was er het Scheepvaartmuseum ondergebracht; onder de overkappingen naast de burcht staan voorlopig nog een aantal oude scheepjes op het droge. Op het Steenplein staat wijdbeens de rivierreus **Lange Wapper**, die Antwerpenaren – en vooral hun kinderen – schrik aanjoeg als plaaggeest. Hij schijnt Antwerpen verlaten te hebben toen er te veel Mariabeelden op de straathoeken verschenen.

Informatie en openingstijden

Ruihuis 4, Suikerrui 21, tel. 03 232 01 03, www.ruihuis.be; niet geschikt voor 12-. Lange Rui: za.-zo. 11 en 13, mrt.-okt. ook ma., do. en vr. om 13 uur; € 16, ruim tevoren reserveren of gok op lastminute; duur 3 uur.

Eugeen Van Mieghemmuseum 5, Ernest Van Dijckkaai 9, tel. 0497 10 14 73, www.vanmieghemmuseum.com, zo.-ma. 14-17 uur, juli-aug. gesl.; € 4. Voor groepen op afspraak combinaties met een wandeling over Het Eilandje en/of door de binnenstad.

Zeven Schaken

De 7 Schaken 1 (Braderijstraat 24, op het hoekje met de Grote Markt) is een eetcafé met zeven bieren van de tap (zie blz. 103). De 7 schaken is ook een verhaal uit Suske en Wiske. Daarin wordt na zeven potten schaak (met Lambik als grote verliezer) het verhaal verteld van de zeven dappere jongelingen in Antwerpen en bezoeken Suske en Wiske en hun vrienden historische plekken in de stad. Aan de Grote Markt zijn ook de cafés Den Engel en Den Bengel oude favorieten (zie blz. 111).

Number 1 2 (Hoogstraat 1) is de bekendste frituur in Antwerpen, hoewel de lokale cliëntele op de vlucht voor de toestroom en vrij hoge prijzen zijn gerief steeds vaker elders zoekt.

2 Het religieuze hart – kathedraal en Groenplaats

Kaart: ▶ C 4, kaart 2
Vervoer: Metro: Groenplaats, Tram: Melkmarkt

Van verre wordt de skyline van de stad bepaald door de Onze-Lieve-Vrouwekathedraal. Het indrukwekkende gebouw en de werken van Rubens maken het een van de topattracties van de stad. Een grote bonus zijn de werken uit het KMSKA. Nog drukker bezocht worden de levendige cafés, restaurants en terrassen.

Op de plek van de huidige **Onze-Lieve-Vrouwekathedraal** 1 stond een romaanse kerk, die vanaf de 14e eeuw plaatsmaakte voor dit gotische, zevenbeukige meesterwerk. Slechts twee torens werden volgens het originele plan voltooid; de hoogste is 123 m. De kathedraal onderging tal van restauratierondes, maar is nu in volle glorie te aanschouwen. Naast de ingang staat een beeldengroep die Het Laatste Oordeel uitbeeldt. De grote werken van Rubens maken een bezoek binnen beslist de moeite waard. Dat zijn het magnifieke altaarstuk De Tenhemelopneming van Maria, in de dwarsschepen De Kruisoprichting en De Kruisafneming en aan de rechterzijde in de kooromgang De Verrijzenis van Christus. Aan de linkerzijde van het koor staat het 16e-eeuwse genadebeeld Onze-Lieve-Vrouwe-van-Antwerpen, nog altijd doel van hulpvragenden.

Gilde-altaren uit het KMSKA

In verband met de langdurige verbouwing van het KMSKA zijn in de kathedraal tot in elk geval 2015 te zien een reeks heel bijzondere altaarstukken uit het museumbezit. Bezoekers krijgen tot die tijd een authentieke indruk van het interieur in de 17e eeuw; de soberte van de kathedraal dateert van de beeldenstorm. Op hun oorspronkelijke plaats, als altaren bij de zuilen tussen midden- en zijbeuken, staan retabels van gildes, ambachten en broederschappen. Dat waren de opdrachtgevers voor de tientallen schilderijen en beeldhouwwerken, stuk voor stuk hoogstaande kunstwerken met een bijzonder verhaal van de stad. Meestal betreft dat drieluiken, vervaardigd door grote meesters als Rubens en Van Orley, die slechts bij bijzondere gelegenheden geopend werden. Dan namen de belangrijkste ambachtslieden plaats in deze altaar-'tuintjes', de andere leden stonden eromheen. De audioguide die te huur is, geeft op levendige wijze verhalen prijs bij monde van geestelijken, rijke opdrachtgeefsters, visvrouwen en kunstenaars.

Het Schyvenorgel heeft 90 registers en 5770 pijpen. Het is beslist de moeite waard een orgelconcert bij te wonen, tijden staan vermeld bij de ingang. Ook worden in de kerk passies uitgevoerd.

Wat de beiaard betreft: die bestaat uit 49 klokken; de zwaarste klok die kan worden geluid is de Carolus uit 1507, die ruim 6400 kilo weegt.

Handschoenmarkt

Op het eerste oog is **Handschoenmarkt** 2 een vreemde naam voor een plein, dat ooit de begraafplaats was bij de kathedraal. Maar hier brachten vele handelaars handschoenen aan de man en vrouw. Ook pelzen werden verhandeld. De kramen zijn verdwenen, wel zijn er souvenir- en kantwinkels.

Groenplaats

Aan de uitgelaten **Groenplaats** 3 doet weinig meer vermoeden dat hier tot in de 18e eeuw een groot kerkhof was, behalve dat oude Antwerpenaren nog wel eens spreken van het Groenkerkhof. Fotograferende toeristen proberen het standbeeld van Rubens en de hoge toren van de kathedraal binnen een kiekje te vangen. Maar een meerderheid van de bewoners en bezoekers richt de blik naar het zonnige zuiden vanaf een van de terrassen. Onder de Groenplaats is een metrostation. In het Groenplaats Shopping Center bevindt zich FNAC, met boeken en cd's.

Overigens: Vooral bezoekers uit Japan kijken aandachtig naar het gedenkteken voor Nello en Patrasche, voor de kathedraal. Het verhaal van de Antwerpse jongen en zijn vriend de hond werd vooral populair als verfilming in Japan, Korea en de VS. De basis daarvoor vormde een Engelstalige jeugdroman (*A Dog of Flanders* door Marie Louise de la Ramée); het verhaal speelt aan het eind van de 18e eeuw en schetst een schrijnend sociaal-maatschappelijk beeld.

Pelgrim of poorter

De **Poorterswoning** 4, in het café **De Pelgrom** 1, is ingericht als tijdens de Gouden Eeuw, met delftsblauwe tegels, potten, pannen, gedekte (keuken)tafel en opgemaakte bedstee. Met een gids gaat u hier terug naar de 16e eeuw. De onderaardse gewelven zijn ook gewoon toegankelijk voor wie een Belgisch pintje wil vatten (zie blz. 36).

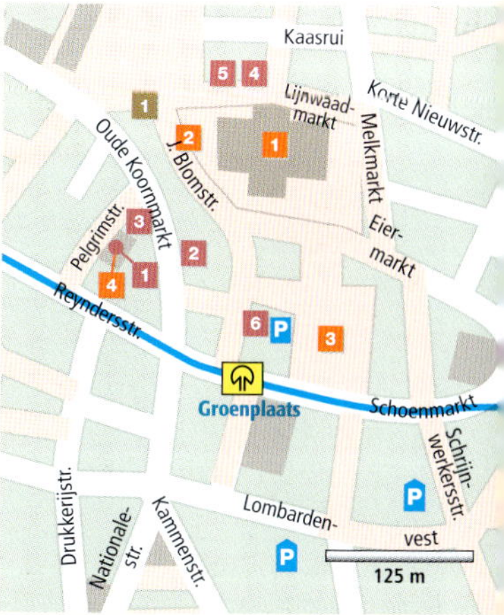

Informatie en rondleidingen

Onze-Lieve-Vrouwekathedraal 1, Handschoenmarkt 18, ma.-vr. 10-17, za. tot 15, zon- en feestd. 13-16 uu; € 5, rondl. half juli-aug. di.-do. 11, 14.15 en 15.45, zo. 13.15 en 15 uur, sept.-half juli wo.-do. 11 en 14.15, zo. 14.15 uur. Audioguide tentoonstelling € 2.
Poorterswoning 4, Pelgrimstraat 15, tel. 03 234 08 09, za.-zo. 12-18.30 uur, € 3 incl. consumptie.

Verstopt en bij kaarslicht

In een onderaards gewelf in **De Pelgrom** 1 (Pelgrimstraat 15, tel. 03 234 08 09, dag. vanaf 17 uur, za.-zo. vanaf 12 uur, driegangen maandmenu € 32) staan lange tafels opgesteld. Bierspecialiteiten zijn de Pelgrom Grand Cru en Poortersbier, beide in stenen kruiken geserveerd. Ook in de gewelven is De Grootte Ganz, voor eten in middeleeuwse stijl; hier eet men pasteye, coestuck, verken en pensch. De Oude Koornmarkt heeft een aaneenschakeling van restaurants, van het gastronomische Sir Anthony Van Dyck (zie blz. 99), verstopt in de historische en labyrinthische Vlaeykensgang, en populaire sushibars (zie blz. 102) tot Italiaans-Belgisch als bij **De Sinjoor** 2 (Oude Koornmarkt 31, tel. 03 213 22 15, 12-22.30 uur, driegangenmenu € 25, ook pizza's, voordelige huiswijn) en de Vlaamse klassieker **Rooden Hoed** 3 (Oude Koornmarkt 25, tel. 03 233 28 44, 12-14.30 en 18-22/23 uur, menu's vanaf € 21, hoofdgerechten rond € 25) met mossel- en visspecialiteiten.

Rubens op de Groenplaats

Hotel op de Handschoen

Een nieuw filiaal van **Hotel O** 1 bevindt zich op de kop van de Handschoenmarkt (nr. 3, tel. 03 500 89 50, www.hotelhotelo.be): kamers aan de voorzijde (*cathedral*) met zicht op de kathedraal, kleiner en goedkoper aan de achterkant (*comfort*). Met hip café.

Paters en heiligen

Aan de noordkant van de kathedraal zien hemelse beelden in **'t Elfde Gebod** 4 (Torfbrug 10, vanaf 12 uur) toe op aardse verpozing. Het Elfde Gebod luidt dan ook: Gij zult genieten. Een sfeervol adres voor een koffie of pintje, maar op lunch- en dinertijden alleen etende gasten welkom. Gastvrij alternatief is het eetcafé **Paters Vaetje** 5 (Blauwmoezelstraat 1, dag. vanaf 11 uur tot diep in de nacht).

Onder het oog van Rubens

Aan de Groenplaats kunnen bezoekers op veel plaatsen terecht voor een koffie, pintje, voor kleine trek of uitgebreidere kaart. **Fritkot Max** 6 (nr. 12) serveert de frieten in authentieke puntzakken. Gasten kunnen ook op de – kleine – bovenverdieping zitten, waar friet(zak)prenten aan de muur hangen. Met een groot woord heet dat het museum.

3 Italiaanse sferen – Borromeus en Rockox

Kaart: ▶ C/D 4, kaart 2, Oriëntatiekaartje: blz. 39
Vervoer: Metro: Groenplaats, Tram: Melkmarkt

Een Italiaans aandoende kerk op een zuidelijk ogend piazza. In de vroege 17e eeuw noemde men de Carolus Borromeuskerk, door meester Rubens gedecoreerd, 'een hemel op aarde'. Ook al is de kerk door brand ernstig verwoest, hij geldt nog altijd als dé barokke kerk van de Nederlanden. Vlakbij staat het prachtige woonhuis van toenmalig burgemeester Rockox. Het zijn samen met het Letteren-huis attracties van hoog niveau maar ze liggen in de beduidend minder drukke toeristische loop.

Jezuïeten gaven opdracht tot de bouw van de Italiaans-barokke **Carolus Borromeuskerk** 1 € (1621). Crèmekleurige zandsteen in een klassieke ordening van de zuilen en pilasters geven de gevel een evenwichtig uiterlijk. De zwevende engelen die het blazoen omgeven zijn een ontwerp van Rubens. Zijn plafondschilderingen gingen tijdens de brand van 1718 verloren, daar kwam stucwerk voor in de plaats. In de zijbeuken is in 40 scenes het leven van de heiligen Ignatius en Franciscus Xaverius uitgebeeld. De Tenhemelopneming van Maria in de Mariakapel is een kopie naar een origineel van Rubens, dat in het Kunsthistorisches Museum in Wenen hangt. Het merendeel van de houtgesneden biechtstoelen is nog origineel. Ook veel van het originele marmer in tal van kleuren en patronen bleef bewaard.

Man die het volk leerde lezen

Het **Hendrik Conscienceplein** 2 behoort tot de mooiste plekjes van de stad. Onder invloed van vooruitstrevende buurtbewoners en kunstenaars werden auto's hier in de jaren zestig verbannen en kwam hier het eerste autovrije plein van de stad. Natuurlijk is het standbeeld een eerbetoon aan de schrijver Hendrik Conscience. Van hem werd gezegd dat hij het volk leerde lezen. Terrassen op het plein nodigen niet alleen tot lezen uit.

Meer dan levensgrote strips

In Antwerpen zijn voor goede speurders **negen stripmuren** € te ontdekken. Ze zijn in opdracht van het stadsbestuur door befaamde striptekenaars gemaakt.
Wolstraat 3 – Jan Bosschaert bracht op de zijmuur van huis nr. 12 een tafereel uit zijn Sam en Jaguar.
Korte Ridderstraat – op een uitstekend huis, nr. 8, komen Suske en Wiske op een vliegende geest uit Het Eiland Amoras.
Eiermarkt – Jan Van Der Veken maakte er een zoekplaatje van, zijn uit kranten bekende figuren sieren weerszijden van het Milieupunt en de pilaar ervoor.
Paradijsstraat / P. van Hobokenstraat – Merho zette de familie Kiekeboe wat verborgen in een studentenwijk.
Keizerstraat 5 – stripmuur van tekenares Ilah, tegenover nr. 62, van Cordelia, het sexy dametje dat tweemaal per week het Vlaamse Dagblad De Morgen siert (én het weekblad van de Amsterdamse VU).
Korte Nieuwstraat 7 – Dick Matena zette hier Laarmans uit Het Dwaallicht van Willem Elsschot neer. Je loopt er gemakkelijk aan voorbij omdat het werk in een nis in de gevel is aangebracht; met de rug naar het Hotel Julien is het rechts aan de overkant.
Leopold De Waelstraat 1 – Op vensters boven bistro-wijnbar Patine verbeeldde Philip Paquet de wijksfeer in een Aziatisch lijnenspel.
Frans Halsplein – Jommeke, van Jef Nys, siert de daarvoor zo grauwe muur.
Oever – Brecht Evens maakte de fleurige 9e stripmuur op het Oeverplein: een grote en op het eerste oog chaotische schildering vol personages: historisch en uit Evens' leven.

Korte Nieuwstraat, Laarmans uit het Dwaallicht

Keizerstraat

Aristocratische panden uit de 16e en 17e eeuw sieren ook nu nog de Keizerstraat, de Via Caesarea volgens de annalen uit 1295. Hier woonden rijke handelaren, bankiers en politici. Nummer 9 is het Huis Delbeke (1516), waarin Rubens' schoonzus Johanna Fourment woonde; het kreeg in 1647 een barokke gevel en bladgouden poort. De Annakapel, ook Keizerskapel genoemd, is de ambachtskapel (1512) van de droogscheerders, op nr. 21. Het behoorde lange tijd aan de Witte Paters. De kapel is nu in privébezit. Op nr. 18 staat op de gevelsteen Het Wapen van Spanje, een dubbele, pompeuze trapgevel siert nr. 16 en nr. 14.

Rockoxhuis

Eveneens een schitterend pand aan de Keizerstraat is het Rockoxhuis 4 hier woonde burgemeester Nicolaas Rockox (1560-1640), tevens mecenas en vriend van Rubens. Rockox was een verwoed verzamelaar van schilderijen en munten. De salons bevatten schitterende kunstwerken, in hoofdzaak uit de barok: Rubens, Van Dyck, Jordaens maar ook van Joachim Beuckelaer, David II Teniers en Pieter II Brueghel. Een brochure verheldert het beroemde doek van Brueghel met de spreekwoorden.

Tevens te zien is een mooi gemaakte en interessante videomontage 'Antwerpen ten tijde van Nicolaas Rockox'. Wisseltentoonstellingen zijn er op hoog niveau; Rockoxhuis heeft gedurende de meerjarige renovatie van het KMSKA in bruikleen werken uit haar collectie oude meesters.

AMVC-Letterenhuis

Het AMVC-Letterenhuis 6 is in de eerste plaats een letterkundig archief met handschriften, brieven, foto's en affiches van Vlaamse schrijvers en illustratoren. Er zijn stukken bij uit de 18e eeuw, maar de nadruk ligt er bij de modernen. Veel aandacht is er uiteraard ook voor Willem Elsschot, Paul van Ostaijen, Karel Van de Woestyne (broer van schilder Gustave, van wie hier een portret van Paul hangt). Meubilair en schilderijen illustreren verschillende tijdsvakken. Heel illustratief zijn door de hele ruimte de tijdslijnwanden waarin hoogtepunten uit de geschiedenis worden geplaatst tegen die uit de wereldliteratuur en de specifiek Vlaamse inbreng.

Stadswaag en handelaars

Van de oude waag, waar handelswaren werden gewogen, zijn alleen nog de fundamenten overgebleven. Maar het plein is de kern van de wijk die in de jaren 60/ 70 in zwang raakte bij kunstenaars – er staat ook de Academie voor Schone Kunsten. Er kwam een experimenteel theater, jazz- en eetcafés verrezen en is nu een gemengde woonwijk.

Informatie en rondleidingen

Carolus Borromeuskerk 1, H. Conscienceplein, ma.-za. 10-12.30 en 14-17 uur, vrij toegang. Kantkamer: wo. 10-12 en 14-16 uur, € 2. Artiestenmis zo. 11.30 uur.
Rockoxhuis 4, Keizerstraat 10-12, tel. 03 201 92 50, www.rockoxhuis.be, di.-zo. 10-17 uur; € 6, 19-25 jaar € 1, laatste wo. v.d. maand gratis; audiogids.
AMVC-Letterenhuis 6, Minderbroedersstraat 22, tel. 03 222 93 20, di.-zo. 10-17 uur; € 5, 12-26 jaar € 1, laatste wo. v.d. maand gratis.

Goed gemutst en glad geschoren

Voor mooie oriëntaalse accessoires – kimono's, paraplu's, papierwaren – en meubels hoef je niet verder dan het **Japan Center** 1 (Korte Koepoortstraat 11). Van literatuur tot geschiedenis, reis- en kinderboeken heeft **De Groene Waterman** 2 (Wolstraat 7).

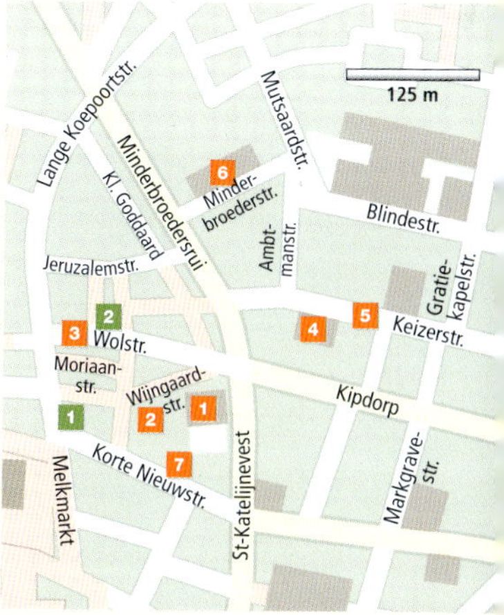

4 Beenhouwers- en zoutwijk – tussen Vleeshal en Sint-Paulus

Kaart: ▶ C 3/4, kaart 2
Vervoer: Tram: Melkmarkt

Vlees- en zouthandel waren in het middeleeuwse Antwerpen lucratieve ondernemingen. Heel bevorderlijk voor de handel hiervan was de ligging van de wijk dicht bij de Schelde en vlak achter de Grote Markt. Er zijn nog Spaanse sporen, als overblijfselen van de bezettingsperiode en latere immigranten. Sla zeker een bezoek aan de Sint-Pauluskerk niet over, die nog op hun oorspronkelijke plek origineel werken bevat van de grote drie: Rubens, Van Dyck en Jordaens.

In de wijk waar slagers de dienst uitmaakten, liet het rijke beenhouwersgilde in de 16e eeuw het prachtige **Vleeshuis** 1 bouwen, dat ver boven de huizen uitstak. De slachthuizen bevonden zich in omringende straten, in het vleeshuis werd uitgebeend en verkocht. De hogere verdiepingen bevatten vergaderzalen en een kapel. Nu zijn in de kelderverdieping archeologische vondsten te zien, maar de grootste attractie is de entreeverdieping. Hier is een interessante tentoonstelling over 600 jaar muziek in de stad, met een verzameling uiteenlopende, oude muziekinstrumenten. Een aantal kunt u zelf in werking stellen, zoals een beiaard. Ook te zien zijn partituren en prenten. De audio-guide is een buitengewoon informatieve gids.

Van sal tot salaris

De Zirkstraat wijst op een belangrijk historisch handelsproduct: zout (*zirk*). In de Spaanse tijd werden de soldaten veelal uitbetaald in zout, in het Spaans 'sal' genoemd. Aan dit kostbare goed hielden wij onze term 'salaris' over. Het oude pand op nummer 34, De Gulden Hand, was in die tijd een zoutbeurs; nu is er een Spaanse winkel (symbool).

Liefhebbende Sint-Paulus

Dominicanen lieten de **Sint-Pauluskerk** 2 € in de 16e eeuw bouwen bij hun grote abdij. De toegangsgalerij aan de Veemarkt nodigt uit met de tekst van de apostel Paulus: Niets moet ge elkaar schuldig blijven dan elkaar lief te hebben. Binnen voert een zijdeur rechts naar de **Calvarieberg**. Heel authentieke, zeer oude bakstenen huisjes met kruisramen vormen de twee zijden van een kleine binnenhof. In deze verrijzenistuin staan twaalf engelen met martelsymbolen, profeten en dominicanen. De zandstenen beelden zijn rond 1700 vervaardigd. Daarlangs lopend komt u bij de Calvarieberg met de Heilige Maagd, Maria Magdalena en Martha; het enorme beeld van de gekruisigde Christus werd tegen de toren aangebracht na de pest, die de stad halverwege de 17e eeuw teisterde.

In de lichte en hoge, witgepleisterde kerk valt allereerst het donkere houtsnijwerk op. Rijkversierde lambrizering bevindt zich onder de vijftien mysteries van de rozenkrans in de linkerzijbeuk. De vijf blijde, vijf droeve en vijf glorierijke mysteries zijn door Antwerpens grote barokschilders gemaakt, naast de grote drie door David Teniers de oude, Cornelis de Vos en Hendrik van Balen. De Kruisdraging maakte Antoon Van Dyck op 18-jarige leeftijd. Ter hoogte van het dwarsschip hangt van Rubens De aanbidding van de herders. Het altaarstuk aan de aangrenzende muur is een (oude) kopie van Caravaggio's Madonna van de Rozenkrans; het origineel werd door de Habsburgse keizer Jozef II in 1781 opgeëist.

Schatkamer vol diamanten

Aan de rechterzijde van het koor, met het prachtige houtsnijwerk in het koorgestoelte, is de toegang tot de schatkamer. Een van de kostbare schatten is de eerste zeshoekig geslepen diamant van de stad, een symbool van de Heilige Geestduif. Heel verfijnd is het zilverwerk van de monstransen, behangen met diamanten en door gelovigen geschonken sieraden.

Het orgel werd tussen 1654 en 1658 gebouwd door Peter I Verbruggen naar een ontwerp van Erasmus II Quellinus, dat later werd uitgebreid. Tijdens plechtige missen en op feestdagen wordt het bespeeld. Een hoogtijdag is

Interieur van de Sint-Pauluskerk

Overigens: Twee vrij vervallen binnenplaatsjes zijn nog getuigenissen van het Spaanse erfgoed. In de Oude Beurs, Hofstraat 15, en in dezelfde straat vlak voor het toeristenkantoor staan nog twee Pagaddertorens. Hier hielden Spaanse soldaten, die te klein waren om aan gevechten deel te nemen, toezicht op het naderende scheepverkeer. Het verhaal gaat dat als de betaalmeesters ('pagadores') belastingen kwamen innen in Antwerpen, ze daarbij ook veel bij dames over de vloer kwamen en voor nazaten zorgden. In elk geval is *pagadders* nog altijd de Antwerpse benaming voor kleuters.

15 augustus met het drukbezochte moederdagconcert.

Onder het orgel bij de linkerzijbeuk is de toegang naar de Kruiswegkapel, met elke scene steeds uit één blok bewerkt hout. In de galerij naar de sobere bidkapel hangen nog meer bijzondere werken. Daaronder is een groot werk met de Slag bij Lepanto, tussen christenen en moslims. De met bloemenkransen versierde portretten en grisailles laten nog een oud zeer zien: de tulpen die vanuit Klein-Azië allereerst in Antwerpen kwamen, maar waarmee in de Noordelijke Nederlanden vervolgens klinkende munt geslagen werd.

Meer vleselijke handel

In de omgeving van de Sint-Pauluskerk, vooral richting Schippersstraat, is sinds jaar en dag de rosse buurt. Stads-vernieuwingsprojecten hebben de wijk de afgelopen jaren een beter aanzien gegeven dan tevoren, maar het ambacht floreert nog altijd. In de Zwart-zustersstraat staan opvallende trapgevelhuizen. De Zwartzusters hadden in deze straat vanaf 1345 een klooster.

Monstrans in de Sint-Pauluskerk

Goden van de Olympusberg

Aan de Oude Beurs 27 is de toegang tot het **Huis Den Wolsack** 3, aan een van Antwerpens vele binnenhofjes. Hier werd de wol gestapeld. Het achterhuis, De Hofkamer, is gebouwd in een overgangsstijl van rococo naar classicisme. Het werd in 1772 verbouwd om als luxuezue ontvangstzaal te gebruiken. Op het balkon staan twee figuren: een 'wildeman' en 'wildevrouw': een verwijzing naar de schildhouders van het Antwerpse wapenschild. Deze beelden zijn afgietsels van de originele beelden die zich in het Vleeshuis bevinden. De wijzerplaat van het uurwerk is nog authentiek 18e-eeuws. Hopelijk is tijdens uw bezoek de plafondschildering die de goden van de Olympusberg laat ziet, terug op zijn plaats. Tot die tijd wordt aan het 13 bij 5 meter grote doek gewerkt in het Rubenianum (Kolveniersstraat 20, gratis te bezoeken ma.-vr. 8.30-12 en 13-16.20 uur). Meer tijd kost waarschijnlijk de restauratie van het boekentoilet op de eerste verdieping: de wanden zijn er volledig bekleed met lederen boekbanden. Bij de entree tot de binnenhof is een winkel met streekproducten.

Informatie en openingstijden

Museum Vleeshuis 1, Vleeshouwersstraat 38-40, di.-zo. 10-17 uur; € 5 inclusief audio, 19- en 65+ gratis.
Sint-Pauluskerk 2, Veemarkt 14, mei-sept. dag. 14-17 uur; kerk vrij toegang (donaties welkom), schatkamer € 1; geregeld zijn er orkestrale missen.
Huis Den Wolsack 3, Oude Beurs 27, ma.-vr. 9-17 uur, vrij toegang.
Fifty One Fine Art Photography 4, Zirkstraat 20, www.gallery51.com, di.-za. 13-18 uur. Een enigszins verstopte plek voor zo'n mooie galerie voor fotografie; vertegenwoordigd worden onder meer Kate Schermerhorn, Fleur Boonman en Friederike von Rauch.

Zoete en zoute verleidingen

Le Zoute Zoen 1 (Zirkstraat 17, tel. 03 226 92 20, Zoenmenu driegangen € 29, viergangen € 35) verwijst naar zoet, zout, zon en zoen. Uit de keuken komen heerlijkheden als Antwerpse stoverij en hespenrolletjes maar ook kalfszwezerikjes met verjus du Périgord; chef Viviane Verheyen was in 2006 Ladychef of the Year, maar de prijs-kwaliteitverhouding bleef uitstekend. De wijnkaart is ronduit indrukwekkend; decor is 'bistro' met kroonluchters, ingelijste werkjes aan de wanden, kaarsen en bloemen.
Op een pleintje tegenover Gallery 51 is het trapgevelpandje van **In de Gloria** 2 (Kleine Koraalberg 8); prima stop voor een kop koffie – aan twee zijden is er een terras – of dagverse Vlaamse schotel.
Voor uitgebreid tafelen is **Hofstraat 24** 3 op het gelijknamige adres (tel. 03 225 05 45, do.-za. en ma.-di. 19-22 uur, vr. ook voor lunch, voorgerechten € 18-24, hoofdgerechten € 20-28) een bijzonder restaurant. Keuze uit verschillende ruimtes, van klein en knus tot in de grote ruimte onder de koepel met modern kunstwerk aan de wand.

Spaanse delicatessen

Propvol Spaanse heerlijkheden staat **El Valenciano** 1 (Zirkstraat 34, www.elvalenciano.be, ma.-za. 9-18 uur), in een oude zoutbeurs. Al in 1919 begon hier een Spaanse familie een groothandel in Spaanse wijnen en likeuren. Behalve met wijn en andere dranken staan en hangen de schappen vol met hammen, olijven, oliën en mooi keramiek. Het gekleurde komt uit Valencia, het bruine aardewerk uit Gerona. Aan de andere kant van de poort is een *horchateria*, waar 's zomers het typisch Valenciaanse drankje van aardamandelen wordt geserveerd.

Knopen en andere juwelen

Sieradenontwerpster **Pascale Masselis** 2 (Zirkstraat 42, wo. 12-18, do.-za. 10-18 uur) maakt fraaie juwelen en heeft een bijzondere collectie knopen, die in prachtige Parijse houten ladekasten zijn gesorteerd. Een paar oorbellen is vanaf € 200 te koop.

Bijzondere knopen bij Pascale Masselis

5 Ontdekking in het noorden – MAS en Het Eilandje

Kaart: ▶ C/D 3/4, Oriëntatiekaartke: blz. 47
Vervoer: Bus: Van Schoonbekeplein en Tavernierskaai

Tijdens de Gouden Eeuw van Antwerpen (in de 16e eeuw) barstten stad en haven uit hun voegen. Aangezien de vestingwerken uitbreiding naar het zuiden toe belemmerden, viel de keus op de moerassige open velden noordwaarts. Nu ontpopt Het Eilandje zich als nieuwe toeristenwijk, met het MAS als blikvangend complex.

Het stadsbestuur liet in de 16e eeuw nieuwe grachten aanleggen om de steeds groter wordende schepen te kunnen ontvangen. De aarde die bij het graven van de grachten vrijkwam, werd ter versteviging van de stadswallen gebruikt. Doordat de Spaanse Furie het havenwezen stillegde, lag de ontwikkeling daarvan lange tijd stil. Pas na het opheffen van het havenembargo ging Het Eilandje een bloeitijd tegemoet. Tussen 1870 en 1920 was het dé meerplaats voor oceaanstomers die emigranten naar de Nieuwe Wereld brachten. Eindbestemming aan de overzijde van de oceaan was Ellis Island in New York.

Havenkaaien

De 3,5 km lange kaaien zijn gebouwd rond 1885. De buitenbocht en stroming houden de aanlegplaatsen diep waardoor grote schepen nog altijd kunnen aanmeren. Op de kaaien liepen spoorlijnen die tot in het Ruhrgebied voerden en stond het vol met hangars. Het terrein was met een hekwerk afgesloten. De hoge terrassen zijn al lang geleden aangelegd om bezoekers toe te laten, aangetrokken door de drukte van – exotische – mensen en waren. Nu zijn de kaaien vrijwel verlaten, sommige hangars zijn parkeerplaats, andere tentoonstellingsruimte of horeca. Maar ze zijn een onlosmakelijk onderdeel van de Antwerpse geschiedenis. U hebt goed zicht op passerende boten en schepen.

MAS – Museum aan de Stroom

In een opvallende moderne omhulling van Neutelings Riedijk Architecten laat het **Museum aan de Stroom (MAS)** 1 stadshistorie zien van middeleeuwen en koloniaal verleden tot het heden. Daarvoor is geput uit collecties van het voormalig Etnologisch Museum, het Scheepvaartmuseum (Steen) en het Vleeshuis. De tentoonstelling is thematisch opgebouwd, steeds in relatie tot mensen en hun verbondenheid en plek op de aardbol. Kennishoeken geven verdiepende informatie over een specifiek collectiestuk aan de hand van boeken en touchscreens. De derde verdieping is bestemd voor wisseltentoonstellingen; daarvoor wordt geregeld geput uit collecties van het KMSKA, het MuHKA en het Museum Plantin-Moretus. De vierde tot en met de achtste verdieping bevat de vaste collectie. Daarboven is een restaurant met terras maar het kroonstuk is de tiende verdieping, vanwaar er een 360° panorama over de stad en de haven ontvouwt; dit deel is ook zonder museumbezoek toegankelijk. Aan de voet van het MAS is het **Diamantpaviljoen** geheel gewijd aan diamanthandel- en nijverheid. Andere paviljoens betreffen zilverwerk (uit het Zilvermuseum Sterckshof) en geven uitleg over de Antwerpse haven. De verdiepingen zijn gestapeld in een spiraalvorm. Grote glaspartijen wekken de suggestie van watermassa's. Glanzende metalen handjes op de gevel zijn verkocht aan sponsoren.

Pak- en redershuizen

Architectonisch ook interessant zijn de gerenoveerde, voormalige redershuizen aan de Aldegondiskaai en Godefriduskaai. Sommige zijn getransformeerd tot riante woonlofts of restaurant. Loop zeker even binnen in het **Felix-Archief** 2. Dit 19e-eeuwse pakhuis ademt nog volop de sfeer van weleer, door behoud van historische bouwelementen. In deze 'entrepot' was een magazijn van de spoorwegen, later opslag voor koffie, hop, graan, kaas, wijn en tabak. In 1985 verliet de laatste baal tabak het pakhuis. Nu is er het Stadsarchief ondergebracht en zijn de laatste werken van de stadsdichters te lezen. Op de benedenverdieping is een trendy maar laagdrempelig café-restaurant.

Met papier en potlood langs de dokken

De Antwerpse schilder Eugeen Van Mieghem (1875-1930) legde het tumultueuze haventafereel van zijn tijd vast. Van Mieghem groeide op in de oude haven. Daar liep hij met potlood en schetsblok – veelal kantoorpapier van zijn vader – tussen de dokwerkers, zakkennaaisters en matrozen. Ook menig aanblik in het café dat zijn moeder runde na het overlijden van vader Van Mieghem heeft hij treffend neergezet. Toen Eugeen Van Mieghem aan de kunstacademie Augustine Le Pautre leerde kennen, werd zij zijn model, minnares en muze. Zeer uitdrukkingsvol zijn de vele schetsen die

Wiske, naar een werk van Van Mieghem

Overigens: Naar figuren uit werken van Van Mieghem maakte de Nederlandse beeldhouwster Carla Kamphuis-Meijer een serie bronzen beelden die in Het Eilandje geplaatst zijn. Rond het Bonapartedok ziet u, vanaf het MAS en tegen de klok lopend: **Wiske** 3 (Godefriduskaai), **Augustine op wandel** 4 (Entrepotkaai) en het **Havenboefje** 5 Napoleonkaai. Op de drukke hoek Rijnkaai / Amsterdamstraat staat **De Land- verhuizer** 6. Naast Hanger 26 (De Kaai, zie blz. 100) aan de Rijnkaai kijkt het **Havenmeisje** 7 uit over de Schelde.

Van Mieghem maakte van de zieke Augustine – inmiddels zijn vrouw en moeder van hun zoon – in de maanden voor haar overlijden; zij overleed in 1905 op 24-jarige leeftijd aan tbc. Daarna richtte Van Mieghem zijn penselen op de sociale (wan)toestanden in de stad. Behalve de opstand van de havenwerkers maakte hij in deze periode een unieke reeks schetsen en doeken over de landverhuizers – veelal voor pogroms op de vlucht uit Rusland en Polen. Slechts een deel van hen kon inschepen op de Red Star Line, de weg naar de Nieuwe Wereld. Werk van Van Mieghem is te zien in het museum aan de E. Van Dyckkaai, zie blz. 32.

De Montevideopakhuizen

Op weg naar de Nieuwe Wereld

De Red Star Line, de Belgisch-Amerikaanse rederij die tussen 1873 en 1935 bijna drie miljoen mensen tussen Antwerpen en de VS / Canada verscheepte, had een kantoor aan de Rijnkaai 15. Met de Wall Street crash werd de emigrantenstroom ingedamd. De gevelsteen met de Belgische Leeuw en de Amerikaanse Adelaar herinnert nog aan het Red Star Line kantoor. Hier opent najaar 2013 een museum gewijd aan de Red Star Line.

Loodsen wachten op nieuwe bestemming

Aan de Braziliëstraat stonden – evenals aan de Rijnkaai en de Amsterdamstraat – de cafés zij aan zij. Tevens waren er scheepsagentschappen, scheepshersteller en leveranciers van onderdelen. De **Montevideopakhuizen** 8 hadden een typisch dakverloop met afwisselend massieve- en baksteen om de temperatuur constant te houden. Het complex zal worden verbouwd en op termijn winkels, kantoren en horeca bevatten. Langs de gerestylde Kattendijkdok-Westkaai, met de thuisbasis van het Ballet van Vlaanderen, komt u bij de Londenbrug, het vertrekpunt van havenrondvaarten. Zie voor meer informatie over de haven blz. 74.

Peperkoekenstijl

In het verlengde van de Sint-Aldegondiskaai naar de Schelde is de Zeeuwse Korenmarkt. Hier, aan de oude noordgrens van de stad, losten in de 16e eeuw schepen uit Nederland hun graan en koren. Het neogotische gebouw 'in peperkoekenstijl' is het **Loodswezengebouw** 9. Het monument gedenkt tijdens de twee wereldoorlogen omgekomen zeelieden.

Informatie en openingstijden

Museum Aan de Stroom (MAS) 1, Hanzestedenplaats 1, tel. 03 338 44 34, www.mas.be, di.-zo. 10-17 uur; € 5-10 afhankelijk van tentoonstellingen.
Felix-Archief 2, Godefriduskaai 30 / Oudeleeuwenrui 29, tel. 03 338 94 11, di.-vr. 8.30-16.30 uur.
Rondvaarten: zie blz. 20.

Voor foodies

Op de benedenverdieping van het MAS is het **Café Storm** 1 dagelijks geopend, weekdagen vanaf 11, za.-zo. vanaf 9 uur. Op de negende verdieping is restaurant **'t Zilte** 2; chefkok Viki Geunes (voorheen in 't Zilte in Mol), verhuisde zijn Michelinsterren en GaultMillau-notatie.
De Living van het **FelixPakhuis** 3 (Godefriduskaai 30, café-restaurant dag. vanaf 11, za. om 18 uur, ook leuk voor een zondagbrunch) is bedoeld als ontmoetingsplek, er is een uitgebreide leestafel en een boekenkast. In de Salon zijn soms optredens, de mArkt is hotspot op vrijdag vanaf 17 uur.
Visitekaartje van **De Burgerij** 4 (Sint-Laureiskaai 8, dag. 12-22 uur) zijn de verse hamburgers: van Clásico tot Dolce Vita, ook vis- en veggievarianten. Rond het Bonapartedok staan veel café-restaurants en kantoren met maritieme sfeer en functie.
Boer Bretel 5 (Nassaustraat 7, ma. gesl.) is een klein adresje voor heerlijke koffie – veel soorten – in een trendy jaren zestig huiskamersetting: piano, lage kuipstoeltjes en bloemenbehang.

Eilandreizigers

Een zeer gespecialiseerde reisboekenwinkel in mooie eco-inrichting, je zou er speciaal voor naar Antwerpen gaan: **Alta Via Travel Books & Maps** 1 (Nassaustraat 29, ma.-di. en vr.-za. 10-17.30, do. 10-13 en 14-19.30 uur); rustig met een kopje koffie en advies een volgende trip uitstippelen ...

6 Huis en graf van de meester – rondom Rubens

Kaart: ▶ D 4/5, kaart 2
Vervoer: Metro: Meir

De bloeitijd van Antwerpen was de 16e/17e eeuw. Met grote ogen keek de stad waar naar Italië het om kunst en architectuur ging. Veel kunstenaars vonden hier dan ook hun mecenas, waaronder Van Dyck, Jordaens en Rubens. Van Peter Paul Rubens kunt u in Antwerpen het woonhuis / atelier bezoeken, dat vol hangt met schitterende werken. Zijn grafmonument en andere kunstwerken maken de kleine omweg naar de Sint-Jacobskerk ruimschoots de moeite waard.

Na zijn terugkeer uit Italië kocht Peter Paul Rubens (1577-1640) met zijn vrouw Isabella Brant in 1610 een huis aan de Wapper, waar hij tevens zijn atelier inrichtte. Dit **Rubenshuis** 1 is een palazzo-achtig pand en illustreert het klassieke ideaalbeeld van Rubens; portaal en het tuinpaviljoen zijn authentiek. Vooral de stijlkamers in de linkervleugel van het complex geven een indruk van de wooncultuur in de 17e eeuw, met schouwen, tegelwerk en balken. Maar alle aandacht gaat natuurlijk uit naar de schilderijen, waarvoor bij de entree een informatief boekje wordt verstrekt of desgewenst een audioguide. Onder de prachtige hier tentoon gestelde werken van Rubens zijn een intrigerend portret dat hij van zijn leerling Antoon Van Dyck maakte en schitterende bijbelse voorstellingen als De Annunciatie en Adam en Eva.
Meer werk van Rubens en zijn tijdgenoten kunt u bewonderen in het sfeervolle Rockoxhuis (zie blz. 38), waar een van Antwerpens burgemeesters woonde en kunst verzamelde.

Keizers en koningen

In opdracht van de rijke projectontwikkelaar J.A. Van Susteren bouwde architect Baurscheit in 1750 het weelderige **Paleis op de Meir** 2, met laatbarokke elementen. Napoleon, ook al door de haven hevig geïnteresseerd in Antwerpen, zocht een passende residentie en kocht het. Hij liet het complex opdelen in vier appartmenten: voor hemzelf, voor de keizerin, de hofdame en de grootmaarschalk. De keizerlijke hofhouding zou er nooit slapen. Na de nederlaag van Napoleon bij Waterloo kwam het paleis in staatshanden. Koning Willem I en zijn zoon vertoefden er graag. Na de Belgische onafhankelijkheid maakte het nieuwe koningshuis er zijn Antwerpse residentie van. Koning Leopold II liet voor de 75-jarige onafhankelijkheid enkele salons verbouwen tot een spiegelzaal voor ceremoniële aangelegenheden. In 1969 kreeg het complex een openbare culturele functie.

Slaapkamer met chocoladegeur

Tijdens een rondleiding in het Paleis maakt u eerst kennis met de vroegere eigenaren. Vervolgens ziet u de vertrekken met rijkversierde plafonds, houten parketvloeren en indrukwekkende reliefs met afbeeldingen van tsaar Peter de Grote en Willem I (Eedaflegging 1815). Het – weinige – meubilair dat er staat is in empirestijl. De eigenaardige geur verraadt de huidige functie op de benedenverdieping van de rechtervleugel: daar is een chocoladehuis.

Gevels en etalages kijken

Het Paleis op de Meir is niet het enige aristocratische pand aan de Meir: het staat er vol mee. Bijna alle bieden nu onderdak aan winkels of winkelcentra, een enkel complex is bankgebouw. De grote winkelstraat van Antwerpen is nagenoeg autovrij. Vergeet niet van de lokkende etalages omhoog te kijken, want de gevels zijn daarboven ronduit verrassend.

Overigens: Mocht u geen tijd of gelegenheid hebben voor een bezoek aan het Paleis op de Meir, dan kunt u zich laten onthalen in de salons van het **Café Impérial** op de benedenverdieping – of bezoek er de vorstelijke chocolatier, **Chocolate Line**. In het voormalige koetshuis is in 2013 een nieuwe flagship store van **Flamant** (interieurs) geopend.

Feest aan de Meir

De voormalige **Stadsfeestzaal** 3 is met enig vallen en opstaan verbouwd tot winkelcentrum. In het atrium glimt het goud en kristal u tegemoet. Daar, in de gestyleerde champagnebar van Laurent-Perrier, drinken gasten bij voorkeur een bruiswijn. Behalve het kledingmerk COS (Collection of Style) hebben O'Neill, Crocs, Tommy Hilfiger, Turnover, Mandarin & Mint en Urban Outfitters er hun zaken, maar ook Standaard Boekhandel, chocolatier Neuhaus, geur- en zeephandelaren.

Bedevaart naar Sint-Jacob en Rubens

Nog altijd is de **Sint-Jacobskerk** 4 het Antwerpse startpunt voor reizigers

Overigens: Aan de Meir op de kruising met de Leysstraat staat een standbeeld van Antoon Van Dyck. Hij werd in 1599 in Antwerpen geboren als zoon van een rijke handelaar. Op jonge leeftijd had hij al een eigen atelier, werkte later samen met Rubens en ontving veel roem aan het Engelse Hof waar hij tot ridder werd gekroond. Zijn grote verdienste was zijn psychologisch inzicht in zijn modellen en het vermogen dat op doek tot uiting te brengen.

naar Santiago de Compostela. Dankzij de collaboratie van de toenmalige pastoor kon de Sint-Jacobskerk de grote plunderingen van de Franse troepen bespaard blijven. Daardoor heeft de kerk grotendeels het originele interieur behouden en zijn tal van kunstvoorwerpen bewaard gebleven, zoals van Jordaens, Rubens en Van Balen. Veel bezoekers komen voor het graf van Rubens (1645) en het schilderij dat hij voor zijn eigen grafmonument maakte. Zeer opmerkelijk zijn de 23 barokke altaren; ook de koorafsluiting is nog origineel.

Informatie en openingstijden

Rubenshuis 1, Wapper 9-11, tel. 03 201 15 55, di.-zo, 10-17 uur; € 8 incl. audioguide / informatieboekje, 12-26 € 1; combiticket met het Museum Mayer Van den Bergh € 10; laatste wo. v.d. maand gratis; bij speciale tentoonstellingen gelden andere tarieven.
Paleis op de Meir 2, Meir 50, reserveer bezoek op www.paleisopdemeir.be of www.antwerpen.be of probeer bij rondleidingen aan te sluiten op di.-vr. en zo. 14, za. 11 uur; € 8.
Sint-Jacobskerk 4, Lange Nieuwstraat 73-75, apr.-okt. ma. en wo.-za. 14-17 uur, € 2, 12- gratis.

Vorstelijk onthaal

Café Impérial 1 (Meir 50, tel. 03 206 20 20, www.cafe-imperial.be, dag. 9-21 uur, lunchmenu € 28, diner drie gangen € 34,50). Prima voor pauze tijdens het shoppen, mooie salons voor koffie- of lunchstop. De dessertspecialiteiten van chef Roger Van Damme van restaurant Het Gebaar.

Winkelparadijs

De **Meir** 1 en het zuiden daarvan vormen het Antwerpse winkelparadijs bij uitstek, met bekende grote ketens maar ook veel kleine exclusieve zaken. Langs de Meir hebben zich grote maar uiteenlopende ketens gevestigd als Mexx, Esprit, Puma, Vero Moda, Coolcat, Diesel, Zara, The Sting, Hugo Boss, H&M, Bershka, Massimo Dutti, De Slegte, Swarovski. Zie voor een schematisch overzicht van de winkels aan de Meir en aangrenzende straten www.meir-as.be. Specifiek voor de **Stadsfeestzaal** 2, ingangen aan Meir 78 en Hopland 31: www.stadsfeestzaal.com. Exclusievere zaken bevinden zich in de wijk Wilde Zee (blz. 62) en het Modekwartier (blz. 51).

Paleis op de Meir

7 Woonwijk vol talent – Modekwartier

Kaart: ▶ C 5
Vervoer: Metro: Groenplaats

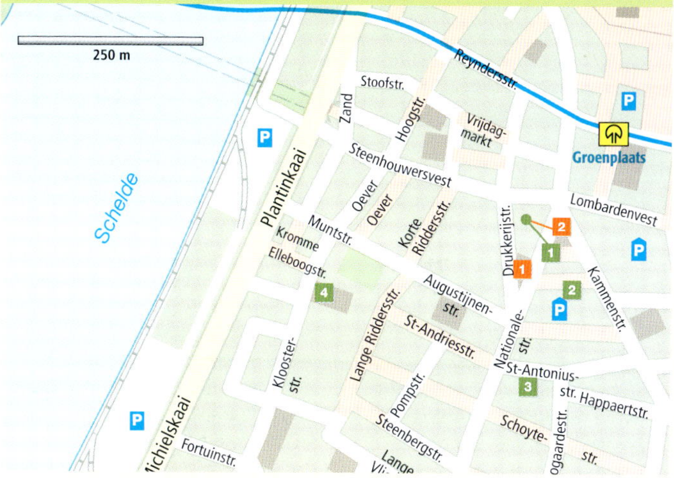

Een groep Antwerpse modeontwerpers nam in de jaren tachtig het voortouw om modestad Antwerpen opnieuw op de kaart te zetten. En dat bleek uiterst succesvol. Vruchten van de nieuwe modewaardering waren de oprichting van het Flanders Fashion Institute en het Modemuseum. Voeg daaraan de handelsgeest van de Antwerpenaren toe en het zal niemand verbazen dat inmiddels een modewijk verrezen is, met gevestigd en aanstormend talent in een groeiend aantal zaken.

Kweekvijver van het aanstormend talent is bij uitstek de directe nabijheid van de Modeacademie. De nieuwe modegeneratie in Antwerpen is ontwerper, stilist, fotograaf en visagist. Om daarvan een indruk te krijgen is een bezoek aan het **ModeMuseum** 1, waar ook de Modeacademie en enkele ontwerpers zich hebben gevestigd, beslist aardig. Jaarlijks worden hier twee grote tentoonstellingen op het gebied van mode en design gepresenteerd. Daarnaast worden workshops en lezingen gehouden. De renovatie van het complex is een schepping van de Belgische architecte Marie-José van Hee.

Antwerp Six

Een groep modeontwerpers die in de jaren tachtig was afgestudeerd aan de Academie voor Schone Kunsten in Antwerpen, trok in 1986 naar Londen voor de British Design Show. Het waren Dries Van Noten, Ann Demeulemeester, Dirk Van Saene, Walter Van Beiren-donck, Dirk Bikkembergs en

Overigens: De wijk tussen het historische centrum en Het Zuid kan al lange tijd bogen op een modereputatie. Vroeger kochten vrouwen uit stad en land hier in de naaiateliers de zondagse kleding voor hun echtgenoten en zonen.

Marina Yee. Tijdens de show trokken ze als groep veel aandacht en kregen de bijnaam Antwerp Six. Toch zijn het zes zeer individuele ontwerpers, die steeds hun eigen weg zijn gegaan en internationaal absoluut meetellen in de modewereld. Vier van hen zijn nog altijd actief in de Antwerpse scene en hebben winkels in Sint-Andries / Het Zuid. Ontwerpster Marina Yee is in hoofdzaak in tentoonstellingen te zien. Dirk Bikkembergs vestigde zich in Italië; opmerkelijk is zijn verdienste in sportkleding en schoenen. Zie voor verkoopadressen het hoofdstuk Winkelen (blz. 104 en verder).

Modepaleis

Het **Modepaleis** 2, een prachtig hoekpand, scheidt de Nationalestraat van Kammenstraat. In de jaren '60/'70 maakte het evenals de omringende wijk een deplorabele indruk. Juist door de aankoop van dit pand door Dries Van Noten, een van de Antwerp Six, werd niet alleen het prachtige pand gespaard maar ook de aanzet gegeven tot een herleving van de modewereld.

Links en rechts van de Nationalestraat

De Nationalestraat is de modeader bij uitstek, maar vergeet ook de zijstraatjes niet, zoals de Steenhouwersvest, Muntstraat, Sint-Antoniusstraat en de Volkstraat. Designerkleding is er direct te koop bij de ontwerpers. Steeds populairder worden de concept stores, waar – exclusieve, hippe – kleding, schoenen, interieurartikelen en vaak ook een koffiebar of zelfs restaurant onder één dak zitten.

Informatie en openingstijden

ModeMuseum (MoMu) 1, Nationalestraat 28, tel. 03 470 27 70, www.momu.be, di.-zo. 10-18 uur; € 8, 12-26 jaar € 1.

Het Modepaleis van Dries Van Noten

Klassiek en concept stores

Modepaleis / Dries van Noten 1, Nationalestraat 16, zowel dames- als herenkleding, al tientallen jaren favoriet.
Moose in the City 2, IJzerenwaag 10. Rode draad is er 'Scandinavië': design, sportief, avontuur zijn af te lezen aan de kleding en de accessoires.
Seven Rooms 3, Sint-Antoniusstraat 12, omvat zeven sfeerkamers (o.a. keuken, bar, bibliotheek, binnentuin) met nieuwe modemerken voor de slow shopper.
Behalve Parijs heeft ook Antwerpen een **RA boutique** 4, Kloosterstraat 13, waar ruim dertig modeontwerpers de grenzen opzoeken van stijlen, draagbaarheid en prijs. Een adres om niet alleen kleding maar ook mensen te bekijken – koffiedrinken is er nog voor ieders budget.

8 Tussen kunst en kitsch – Sint-Andries en Vrijdagmarkt

Kaart: ▶ B/C 4/5, Oriëntatiekaartje: blz. 54
Vervoer: Metro: Groenplaats, Tram: Kammenstraat

In hoogtepunt 7 kwam de wijk Sint-Andries als modekwartier al een beetje voor het voetlicht. Uit cultureel oogpunt is de wijk ook op het terrein van zijn schutspatroon, Sint-Andries, een nadere beschouwing waard. Bovendien liggen er de grondvesten van een bijzonder Antwerps ambacht: de boekdrukkunst.

De **Sint-Andrieskerk** 1, in de gelijknamige volkswijk, maakte deel uit van een augustijnerklooster. De kerk verloor tijdens de Franse Revolutie enige grote kunstschatten. Daarvan is het Sint-Pietersbeeld, door Artus 1 Quellinus, in 1803 teruggekeerd. Van dezelfde kunstenaar is het gebeeldhouwde monument ter nagedachtenis aan Petrus Saboth (ca. 1658). Vooral in het oog springend is het imposante barokke preekgestoelte met de Roeping van Andreas. Bij de uitgang staat een kast met relieken van 36 heiligen. Het barokke altaarstuk komt uit de Bernardusabdij van Hemiksem en staat hier wat krap.

In een nevenruimte zijn de kerkschatten, waaronder het zeer verfijnde zilveren schip van Amalfi.

Sint-Jan en Sint-Anna

De Sint-Jansvliet maakte ooit deel uit van de stadsomheining. Ook de Steenhouwersvest maakte daar deel van uit, waar de steenhouwers en bouwmeesters hun werkplaatsen hadden (1314). Nadien ontwikkelde de Sint-Jansvliet zich als een drukke binnenhaven, waar mosselschuiten aanlegden. Bij de aanleg van de kaaien in 1880 werd deze vliet (en drie anderen) gedempt. Nu is het een aardig plein met wat horeca en de toegang tot de **Sint-Annatunnel** 2. Deze tunnel (1933) is een voetgangers / fietserstunnel onder de Schelde door naar de Linkeroever (zie blz. 72). Houten roltrappen en een art-decolift stroomlijnen dalende en stijgende voetgangers en fietsers. De betegelde tunnel is 572 m lang en heeft zich als favoriet joggingtraject ontpopt voor regenachtige en winderige dagen.

Patrones van voddenverkopers

Al sinds de 16e eeuw is de **Vrijdagmarkt** 3 de plaats waar tweedehandswaren worden aangeboden. Het plein werd in 1945 door een V-bom verwoest maar is geheel in stijl heraangelegd. Het is een fascinerend spel om op vrijdagochtenden uiteenlopende waren geveild te zien worden. Onder het oog van de heilige Catharina, patroonheilige van voddenverkopers, verwisselen op het plein de goederen van eigenaar.

In de overdekte opslagplaats is de procedure als volgt: eerst zijn de centraal opgestapelde voorwerpen aan de beurt, dan de (genummerde) spullen aan de zijkanten. Het aanbod varieert van schilderijen, serviezen en zilverwerk tot printers, koffers en meubilair. Het antiekgehalte wisselt.

Bakermat van boekdrukkunst

Aan de Vrijdagmarkt geeft het **Museum Plantin-Moretus** 4 een gedetailleerd beeld van de boekdrukkunst. Christoffel Plantin, een Franse humanist, kwam in Antwerpen wonen als boekbinder / lederbewerker. In 1555 werd hij drukker en vestigde zich enige decennia later in het pand waar nu een unieke verzameling drukapparatuur en drukwerken is ondergebracht. De 16e-eeuwse drukkerij / uitgeverij met ingerichte woning, archief en bibliotheek is erkend als UNESCO-Werelderfgoed. Ook zijn er wiegendrukken (ook genoemd incunabelen, tussen 1455 en 1500 gezet met losse letters), zeer waardevolle bijbels en woordenboeken, kaarten en globes te zien. Oude handschriften gaan er terug tot de 9e eeuw. Sommige zalen zijn prachtig gemeubileerd en met wandtapijten, schilderijen en lederen behang bekleed, zoals de kamer van Justus Lipsius. Het pand met binnenplaats maakt van een bezoek een ontdekkingstocht. Veel schoolklassen bezoeken het museum; vraag voor individueel bezoek met kinderen aan de balie naar de sleutel voor de speurspellen.

Uit de tijd van Jordaens

Volg het straatje rechts van het Prentenkabinet (Heilige Geeststraat) en dan gelijk rechts af de Hoogstraat in, vermoedelijk het oudste straatje van

Zilveren schip van Amalfi in de Sint-Andrieskerk

Antwerpen. Dan weer rechts de Reyndersstraat in, waar op nr. 6 de schilder Jacob Jordaens (1593-1678) woonde; de binnenplaats is te bezichtigen.

In de verleidelijke Pelgrimstraat is er ter hoogte van nr. 6 een smalle doorgang, de **Vlaeykensgang** 5, die op de Oude Koornmarkt uitkomt.

Informatie en openingstijden

Sint-Andrieskerk 1, Waaistraat, apr. okt. 14-17, hele jaar ma., wo. en vr. 9-12 uur; mei-sept. zo. 15 uur rondleiding (gratis) €!.

Museum Plantin-Moretus / Prentenkabinet 4, Vrijdagmarkt 22, di.-zo. 10-17 uur, € 6, 19-26 € 1, gratis voor 19- en 65+.

Kloosterstraat

Hotspot voor brocantespeurders is natuurlijk de Vrijdagmarkt. Daarnaast is de Kloosterstraat een typisch antiekstraatje (zie ook blz. 104); uiteenlopend van zeer specifieke oudheden tot brocante en combinaties met moderne interieurobjecten. Goede adressen zijn Christel Dauwe, Dock's for Antiques en Hot & Cold, zie blz. 104-105. In de Kloosterstraat zijn veel zaakjes op zondag open.

Zoete verleiding

Het chocoladeatelier van **Günther Watté** 1 (Steenhouwersvest 30, ma.-za. 10.30-18.30. zo. 13-18 uur) is een zoete stop voor modeshoppers. In een barokke koffie / theesalon hebben de ambachtelijke chocoladecreaties en patisserie grote aantrekkingskracht.

9 Gedempte dokken – Het Zuid

Kaart: ▶ A/B 6/7
Vervoer: Tram: Museum

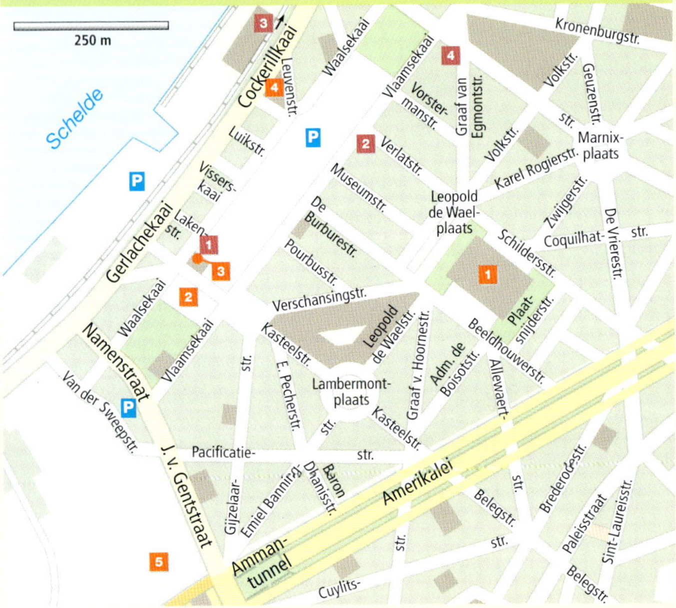

In 1987 werd het Museum van Hedendaagse Kunst Antwerpen in een verbouwde graansilo/pakhuis geopend aan de Waalsekaai. Het was onderdeel van een totaalplan om de wijk Het Zuid een andere invulling en vernieuwd aanzien te geven. Heel wat uitbaters vonden hun weg naar Het Zuid, waardoor het wat restaurants en uitgaansgelegenheden betreft nu zeer hoog genoteerd staat.

De Leopold de Waelplaats is een van de favoriete uitgaanspleinen in Het Zuid, met een onmiskenbaar Franse sfeer en groot aantal brasserieën en cafés. Het plein is genoemd naar burgemeester Leopold de Wael (1823-1892) die verantwoordelijk was voor het rechttrekken van de Schelde, waardoor de kaaien volledig van aanzien veranderden. Maar hij liet ook het Koninklijk Museum voor Schone Kunsten bouwen. De straten om het museum verdienen het om rond te dolen. Veel panden hebben bijzondere art-nouveaudetails. Midden op de Lambermontplaats, waar de Leopold de Waelstraat op uitkomt, staat een beeldengroep met boot uit de tweede helft van de 19e eeuw, een verwijzing naar de havenuitbreiding.

Schone kunsten

Het **Koninklijk Museum voor Schone Kunsten (KMSKA)** 1 heeft een grote relatie met de mode. Zowel de beeldende kunst als de mode komen grotendeels voort uit de Academie voor Schone Kunsten, in 1663 opgericht door David Teniers de Jonge. Daarvoor was instemming van de Spaanse koning Filips IV. Het huidige museumcomplex, getekend door de architecten Winders en Van Dijck, dwingt al aan de buitenzijde respect af. Het imposante pand wordt bekroond door paardenspannes (1890). Het waterkunstwerk voor het bordes geeft de relatie met het water aan: de waterstand heeft een getijdestroming. De collectie bevat een uitgebreide reeks Vlaamse en Hollandse Meesters vanaf de 14e eeuw, met een grote rol uiteraard voor het Antwerpse baroktrio Rubens, Van Dyck en Jordaens, maar ook veel werk van Henri De Braekeleer. Zeer sterk vertegenwoordigd zijn uit de moderne tijd James Ensor en Rik Wouters. Buiten de Zuidelijke Nederlanden zijn er topstukken van Titiaan, Rodin en Zadkine. Tot 2017 zal het complex maar beperkt toegankelijk zijn. Delen van de collecties zijn tot die tijd te zien in de kathedraal, het MAS, het Rockoxhuis en de Koningin Fabiolazaal.

Eerbetoon aan Filips IV

Steek door de Kasteelstraat door naar de Gillisplaats met de **Waterpoort** 2. Er staat een triomfboog uit de 17e eeuw waarvan het ontwerp aan Rubens wordt toegeschreven. Oorspronkelijk stond de poort aan de Vlasmarkt, vlak bij de kathedraal; het was een ereboog voor koning Filips IV.

Gevoelige plaat

In een oud pakhuis met nieuwe aanbouw laat het **FotoMuseum (FoMu)** 3 zowel de technische ontwikkelingen zien als materiaal van fotografen uit binnen- en buitenland. De collectie is toonaangevend in Europa. Daarin is een rol voor vooraanstaande fotografen als Man Ray, Cartier-Bresson, Robert Adams en Charles Nègre. Er zijn documenten, opname- en afdrukapparatuur. Interactive set-up vestigen de aandacht op belichting en projectietechnieken.

De Leopold de Waelplaats ligt aan een geliefd flaneergebied; op de achtergrond het KMSKA

Overigens: Het door dempen van de dokken tussen Waalsekaai en Vlaamsekaai ontstane plein is de locatie van de jaarlijkse Sinksenfoor-kermis (na Pinksteren) en andere manifestaties. Ook het Cirque du Soleil heeft er al een paar maal gestaan.

Leuk voor kinderen is de fotospeurtocht die voor elke tentoonstelling wordt gemaakt. In het filmhuis zijn vrijwel dagelijks wisselende voorstellingen.

Van graansilo tot Haringlounge

De graansilo (1922) aan Leuvenstraat 32 bevat **het Museum van Hedendaagse Kunst (M HKA)** 4. De collectie beslaat kunst van 1970 tot heden, voor een groot deel behorend tot de Matta-Clark Foundation: ruim 150 werken van Belgische en internationaal befaamde kunstenaars. De overige werken zijn bezit van de Vlaamse Gemeenschap. De cafetaria op de bovenverdieping biedt mooi uitzicht over de stad; er is een wandschildering van Keith Haring.

Justitia met vleugels

Overweeg een uitstapje naar het opvallende **Justitiepaleis** 5 (2005) aan de Bolivarplaats, het gebouw met de puntdaken. Dit complex met zes glazen vleugels en stalen puntdaken roept uit de verte associaties op met het Sydney Opera House, dichtbij lijkt het een stationsgebouw. Plaatselijke bewoners spreken wel van het vlinderpaleis. Het is een milieuvriendelijk ontwerp van de Britse architect Richard Rogers, die ook verantwoordelijk was voor het ontwerp van het Parijse Centre Pompidou en de Londense Millenium Dome.

Informatie en openingstijden

Koninklijk Museum voor Schone Kunsten Antwerpen (KMSKA) 1, Leopold de Waelplaats, tel. 03 238 78 09, tot 2017 gesloten.
FotoMuseum (FoMu) 3, Waalsekaai 47, tel. 03 242 93 00, www.fotomuseum.be, di.-zo. 10-18 uur; € 7, 26- € 1.
Museum van Hedendaagse Kunst Antwerpen (M HKA) 4, Leuvenstraat 32, tel. 03 260 99 99, www.muhka.be, di.-zo. 10-18, do. tot 21 uur, € 6/€ 4, voor 26- € 1. Tot het M HKAFE en het dakterras is vrij toegang (dezelfde openingstijden als het museum); de cafékeuken is van 12-16 uur geopend.
Koningin Fabiolazaal, Jezusstraat 8; wisselende tentoonstellingen uit de KMSKA-collectie.

Trendkeukens

Ufo cafe 1 (Waalsekaai 47, FoMu), tel. 03 216 17 47, keuken di.-zo. vanaf 10 uur. Salad bar, wraps, biobroodjes, chicken tandoori, stoofvlees, pannenkoeken en gewone boterhammen, kortom: lunches voor ieders smaak.
Van ontbijt, tussendoortje tot avondeten en afzakkertje zijn gasten welkom in de trendy **Café-brasserie Zürich** 2 (Verlatstraat 2 /hoek Vlaamsekaai) met beschut terras. Huisgemaakt zijn de quiches, garnaal- of kaaskroketjes; voordelige dagschotels.
Hangar 41 3 (Sint-Michielskaai 41); opvallend ingericht grandcafé met mooi kops hout, spiegels, hoge ruimtes en een uitgebreide kaart, van ontbijt tot diner dagelijks open.
Publique 4 (Graaf van Egmontstraat 2); fijnproeverskeuken zonder teveel opsmuk voor nette prijsjes, zeker waar het de (lunch)dagschotels betreft. Wereldkeuken, vooral door de Oosterse invloeden extra smaakvol.
Aan en naar de Leopold de Waelplaats bevinden zich nog diverse leuke eetgelegenheden.

10 Maagden en Mayer Van den Bergh – Gasthuisstraat

Kaart: ▶ C/D 5/6
Vervoer: Tram: Lange Gasthuisstraat / Huidevetterstraat

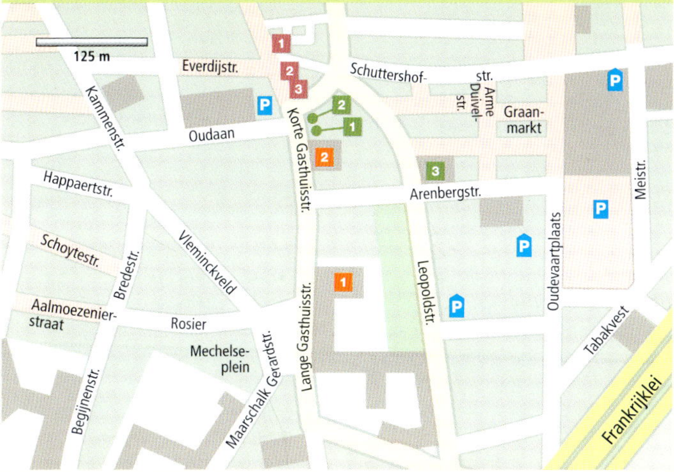

De Korte en Lange Gasthuisstraat geven al voldoende stof om een dagdeel zoet te brengen. Heel bezienswaardig zijn de kunstschatten van het Mayer Van den Berghmuseum en het Maagden-huismuseum. En voor pauzes met stijl zijn op een paar stappen daarvandaan bijzondere plekjes.

Gasthuizen stonden aanvankelijk ten dienste van passanten. Maar vanaf de 11e/12e eeuw kreeg het hospitaalwezen een nieuwe functie: de zorg voor ouderen en armen. Het initiatief daartoe werd genomen door geestelijken, hertog en schepenen en ondersteund door aalmoezen van bemiddelden die met vrijgevigheid hun hiernamaals willen veilig stellen. Omgekeerd moesten de armen bidden voor de zielenzaligheid van de weldoener. In en rond Antwerpen stonden tal van gods- en gasthuizen. Na bezetting door de Franse troepen gingen alle religieuze gods- en gasthuizen over in burgerlijke handen. Het voormalige Elisabeth Gasthuis is inmiddels het Elzenveld Congrescentrum – met hotel – geworden.

Maagden en knechtjes

Weesjongens werden ondergebracht in het Knechtjeshuis aan de Paardenmarkt. In het 16e/17e-eeuwse pand aan de Lange Gasthuisstraat was vroeger een weeshuis voor meisjes. Nu is er het **Maagdenhuismuseum** 1, op de benedenverdieping, de binnenplaats en in de kapel van het gebouw. Hier zijn voorwerpen te zien uit het dagelijks leven van beide 'groote gestichten waar een strenge tucht heersch-

Stijlkamer in het Museum Mayer Van den Bergh

te'. Er zijn vitrines vol papkommen van plateel, de Antwerpse voorloper van het Delfts blauwe aardewerk; overigens zijn veel Antwerpse plateelwerkers naar Delft vertrokken om daar in de beroemde Delfts blauwproductie te werken. De papkommen zijn meerkleurig beschilderd en veelal voorzien van afbeeldingen van notabele mannen, vrouwen en heiligen. De vitrines met gescheurde, halve kaartjes wijzen op de grote tragedie van veel moeders. Ze legden hun kind te vondeling en stopten daarbij een stuk van een kaart of kleedje; als ze dan in de situatie waren alsnog voor hun kind te kunnen zorgen, konden ze middels de andere helft hun verwantschap aantonen ... Veel van het kantwerk is nog uit de maagdenhuisperiode. In de oude vertrekken hangen schilderijen van Antwerpens grote 15e-17e-eeuwse meesters; daaronder is een groot drieluik van Otto van Veen, leermeester van Rubens, waarop de Portugese marraan (tot het christendom bekeerde jood) Simon Rodruiguez d'Evora y Vega met zijn eega staat afgebeeld. In de binnenhof staat een sober houten beeld van een meisje, dat ooit dienst deed als trappaal, waarover Hendrik Conscience zijn novelle *Houten Clara* ('Houten Cleer') schreef. Ze wordt omringd door borden met namen van gulle gevers: heiliggeestmeesters en aalmoezeniers.

Overigens: Op de gevel van een gebouw aan het Mechelseplein, tegenover het Maagdenhuismuseum, staat een gedicht over armoede van voormalig stadsdichter Ramsey Nasr. Ook op diverse andere plaatsen op muren en in voetgangerszones op straat vindt u literaire teksten, zoals van Willem Elsschot en Paul van Ostaijen.

Passie voor kunst

De kunstschatten die de gepassioneerde Antwerpse verzamelaar Fritz Mayer Van den Bergh (1858-1901) bijeenbracht, zijn in het **Museum Mayer Van den Bergh** 2, op sfeervolle wijze tentoon gesteld. Het pand lijkt 16e-eeuws maar is van 1901-1904 in opdracht van Henriette Van den Bergh na het overlijden van haar zoon gebouwd om zijn kunstcollectie te bewaren en te presenteren. Speciale belangstelling had Van den Bergh voor de kunst uit de Nederlanden van de 14e-16e eeuw. Het beroemdste werk is De Dulle Griet van Pieter Brueghel de Oude. Maar ook het rijkversierde getijdeboek (brevarium, omstreeks 1510) en het retabel van Juan de Flandres zijn unieke stukken. De schilderijen en beelden zijn geplaatst in stijlkamers, met lederen behang, antieke schouwen, houten vloeren en lambrizering.

Informatie en openingstijden

Maagdenhuismuseum 1, Lange Gasthuisstraat 33, tel. 03 22356 20, ma. en wo-vr. 10-17, za.-zo. 13-17 uur; € 5, 26- € 1, gratis laatste wo. v.d. maand (vaste tentoonstelling).
Museum Mayer Van den Bergh 2, Lange Gasthuisstraat 19, tel. 03 232 42 37, di.-zo. 10-17 uur, museum. antwerpen.be/mayervandenbergh; € 8, combiticket Rubenshuis € 10, 26- € 1, laatste wo. v.d. maand gratis (vaste tentoonstelling).

Heerlijke handjes

Antwerpse Handjes van chocolade – puur, melk en wit – zijn de specialiteit van **Burie Chocolatier / Patissier** 1 (Korte Gasthuisstraat 3). Kijk vooral verder dan de handjes lang zijn, elk seizoen zijn er andere heerlijke kunststukjes, zoals baileys-chocoladedruiven en paddenstoelentaferelen in de herfst, stralend voorjaarsfruit en asperges in de lente; helaas zonder vitamine-C.
De echte Antwerpse Handjes in koekjesvorm komen van **Philip's Biscuits** 2 (Korte Gasthuisstraat 11); tevens koekenbakker van feestelijke speculazen en andere minder of meer krokante heerlijkheden.
Een rij wachtenden staat doorgaans bij bakkerij **Goossens** 3 (Korte Gasthuisstr. 31), die nog volop roggeverdommekes bakt.

Overigens: Roggeverdommekes worden al vijfhonderd jaar in Antwerpen gebakken. Het verhaal gaat dat de rijke 16e-eeuwse koopman Pieter Pot het van roggemeel gebakken brood aan de gevangenen in 't Steen gaf. De huidige versie is wel een stuk luxer, met rozijnen, zowel donker als wit verkrijgbaar.

Sieraden met een knipoog

Katrin Wouters en Karen Hendrix, goudsmeden van de Koninklijke Akademie voor Schone Kunsten, runnen al sinds 1985 **Wouters & Hendrix** 1 (Lange Gasthuisstraat 13, tel. 03 231 62 42, www. wouters-hendrix.com, ma.-za. 10-18 uur). Eerst legden ze zich alleen toe op zilver, later op halfedelstenen als onyx, quartz, parelmoer, jade en nu ook op goud. Jaarlijks worden twee collecties gepresenteerd, in samenspraak met andere ambachten, altijd objecten met een stukje humor. Hun lijn My favourite, met zilverwerk, blijft een succes.

Mode

Schroom niet om de ongeprijsde labels – Gucci, Dior, Versace, Yves Saint-Laurent – bij **Verso** 2 (Lange Gasthuisstraat 9-11) van dichtbij te bekijken. Werp en passant een blik op het prachtige glazen plafond. Minstens te veroorloven is een drankje in het Verso Café (tot 19 uur) in de overdekte entree van dit voormalige bankgebouw.
Het exclusieve Italiaanse kledingmerk **Malìparmi** 3 (Leopoldstraat 3) heeft sinds kort ook een filiaal in Antwerpen. Met mooie (over)buren als Rue Blanche (op nr. 10).

11 Elegant Antwerpen – Wilde Zee

Kaart: ▶ D 5
Vervoer: Tram: Oudaan, Metro: Meir

Het voetgangersgebied tussen de Meirbrug en de Huidevetterstraat bestaat uit gezellige winkelstraatjes: de Lombardenvest, de Wiegstraat, de Groendalstraat en de Schrijnwerkersstraat. Het wijkje heet Wilde Zee. Door het bohemienkarakter dat de wijk aan het theaterleven dankt, wordt deze buurt ook wel het Quartier Latin genoemd.

Aan de Komedieplaats bevinden zich de duurste winkels, zoals Ralph Lauren, Louis Vuitton en lederkoning Delvaux. Ook treft u grote namen aan het Hopland (Armani) en de Huidevetterstraat (Gucci). Tussen de Huidevetterstraat en de Korte Gast-huisstraat is een winkelpassage. In de art-deco- en 16e-eeuwse panden van de Schuttershofstraat zijn ook tal van exclusieve en trendy boetieks en speciaalzaken, ook voor kinderen. Ten zuiden van de Komedieplaats is de Leopoldstraat; antiekstraat bij uitstek.

Podium en koepel

In 1834 voltooide architect Pierre Bruno Bourla een imposant neoklassiek theater voor de Franssprekende Antwerpse bourgeoisie. Het heette toen: Grand Théâtre of Théâtre Royal Français. Nu wordt het **Bourlaschouwburg** 1 genoemd. De zaal biedt ruimte aan 900 toeschouwers en is de thuisbasis voor Het Toneelhuis, een toneelgroep met uitstekende reputatie die zowel klassieke stukken als nieuw repertoire op het – Nederlandstalige – programma heeft. Ook buiten voorstellingen is De Foyer op de eerste verdieping een aanrader voor koffie met heerlijke taart of een zondagse brunch in een elegante omgeving: de rijk beschilderde koepel en mooie raampartijen.

Graan tussen de vogelen

De Graanmarkt is een mooi plein midden in de theaterwijk. Het standbeeld van Victor Driessens, pionier in de Nederlandstalige toneelkunst, staat er dan ook zeer passend.

De cafés en restaurants aan het plein lopen vooral na voorstellingen goed vol, bij uitstek met jonge kunstenaars, intellectuelen en yuppen; bij uitstek Quartier Latin dus. De Graanmarkt maakt deel uit van de Vogelenmarkt.

Huisconcept

Graanmarkt 13 2 is een karakteristiek voorbeeld van hoe het winkelen in de Wilde Zee zich onderscheidt van de Meir. Er is geen opvallende etalage, maar bezoekers stappen binnen in een huiskamersetting. Binnen blijkt Graanmarkt 13 meer dan een modehuis, het is een totaalconcept met een sterk persoonlijk karakter. Een greep uit de gevoerde bijzondere modemerken zijn Sonia Rykiel, Gentucca Bini, Zero Maria Cornejo, Indress, Sandrina Fasoli en Monique van Heist. Ook zijn er mooie spullen voor in huis te koop. Heel exclusief is het porselein Lightscape van het Beierse Nymphenburg, een papierachtig ogende lijn, waarvan gelukkig een enkel schaaltje of vaas – handbeschilderd of in mat effen biscuit – al effect scoort. In het souterrain een uitstekend restaurant (zie blz. 98).

Informatie en openingstijden

Bourlaschouwburg 1, Komedieplaats 18, zie blz. 116.
Graanmarkt 13 2, Graanmarkt 13, winkel ma.-za. 10.30-18.30 uur.
Vogelenmarkt 3, Theaterplein, zo. 8-13 uur.

Tafelen met uitstraling

Zondagen serveert **De Foyer** 1 (Komedieplaats 18, tel. 03 233 55 17,

Overigens: Ook de Korte en Lange Gasthuisstraat vormen de westelijke begrenzing van de wijk; zie daarvoor hoogtepunt 10.

Vogelen en vreemdelingen

Op het Theaterplein voor de Schouwburg en de aangrenzende Graanmarkt is op zaterdag een warenmarkt (hier vreemdelingenmarkt genoemd vanwege de uiteenlopende nationaliteit van de marktkooplieden). Op zondag is de sinds jaar en dag roemruchte **Vogelenmarkt** 3, waarbij nog een enkel vogelfluitje uit de marktkramen opstijgt.

Beetje Horta in Antwerpen

Een beslist mondaine ambiance heeft het **Grand Café Horta**. Een deel van het interieur is afkomstig van het Volkshuis van Brussel, een van de beroemdste projecten van architect Victor Horta. Om de bijzondere, ijzeren Horta-spanten te zien moet u wel naar de Art Nouveau Zaal. Verder is het complex hedendaags, het Grand Café maakt er een groot deel van uit. Door de grote glaspartijen is er groot contact met buiten, maar wie dat niet verkiest, zoekt een plaatsje in het souterrain.

www.defoyer.be, dag. vanaf 11 uur, zondagavond gesloten) een uitgebreid brunchbuffet, de rest van de week is het een uitgelezen plek voor een lunch, koffie met gebak of Belgisch streekbier.
In **Grand Café Horta** 2 (Hopland 2, 9-22, vr.-za. tot 23.30 uur, salades € 15, hoofdgerechten € 15-24) is champagne – tevens per glas geserveerd – passend, maar ook de bierkaart mag er zijn, met een zevental uit de tap. Prachtige vis- en vleesgerechten. Chique plaats met alleszins redelijke prijzen. Ook een speciaal adres voor mooi (bubbels)ontbijt.
Loop langs de traiteur het stijlvolle trappenhuis op van **De Gulden Bock** 3 (Schuttershofstraat 11, tel. 03 227 17 50, petit restaurant ma.-vr. 11.45-16 en za. 11.45-18 uur, winkel ma.-za. 10.30-18.30 uur). De jaren dertig architectuur geeft een speciale entourage, er is een dagelijks wisselende visuele kaart, dat wil zeggen: in buffetvorm staan de antipasti, salades en quiches klaar om – eventueel verwarmd – gegeten te worden.
In het kleine bruine café **De Duifkens** 4 (Graanmarkt 5) is in het verleden veel door acteurs nagepraat en gedronken. Een namiddagkoffie met krant, het befaamde menu maman (€ 15,50, ma.-vr., moeders' Belgisch/Franse keuken) of een verpozing voor theaterbezoek, de spiegelruimte van **Café Restaurant Bourla** 5 (Graanmarkt 7, tel. 03 232 16 32) is er geschikt voor; met terras.
Beroemde acteurs, waaronder ook Paul van Vliet, tekenden de menukaarten van **Bistro Opéra Bouffe** 6 (Arme Duivelstraat 6, tel. 03 226 64 13, di.-vr. 12-14.30 en 17.30-22.30, za. 12-22.30 uur hoofdgerechten € 15-20). Er is een verwarmde serre. Huisaperitief is gin met passoa en vruchtensap. Glas witte wijn met drie oesters voor € 6,50.

Net weer andere pralines

Tussen Schuttershofstraat en Graanmarkt maakt **Chocolatier Marcolini** 1 (Kelderstraat 4, ma.-za. 10-18.30 uur) verrukkelijke, vooral donkere en kruidige chocoladespecialiteiten. Smakelijk en origineel zijn ook de doosjes waarin chocoladesmaken uit Mexico en Venezuela verzameld zijn.

Restaurant Graanmarkt 13

12 Handel en joodse sporen – Diamantwijk en Stationsbuurt

Kaart: ▶ E/F 4/5/6
Vervoer: Trein, bus, metro: Antwerpen Centraal

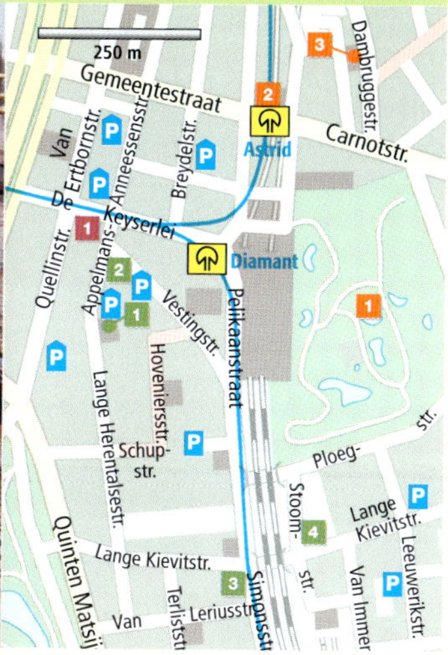

Het Centraal Station en omgeving staat sinds jaar en dag bekend als de diamantwijk. Sinds de verbouwing van het stationsgebouw vinden steeds meer zaken hun weg naar de stationsarcaden. Tevens is de omgeving interessant door de joodse cultuurachtergrond. Ook zijn er in deze omgeving een paar bijzondere boekhandels.

Het Antwerpse Centraal Station is een prachtig voorbeeld van een 'spoorwegkathedraal'. Zeker nu de renovatie en de aanpassingen van kop- naar doorgangsstation (met HSL) zijn voltooid. De ontvangsthal suggereert met het overdadige marmer verwantschap met een Italiaans palazzo. De cafetaria, ooit wachtruimte voorbehouden aan eersteklasreizigers, zou in een Frans kasteel niet misstaan. Ook de perronoverkapping van staal en glas is een fraaie in zijn soort. De open structuur brengt goed de verschillende lijnen – elk op hun eigen niveau – in beeld.

Diamantbeurs

Op de Antwerpse beurzen wordt zo'n 60% van de totale wereldproductie verhandeld, zowel ruwe als geslepen stenen en industriediamanten. Dat betekent dat er op weekdagen voor miljoenen diamanten van eigenaar verwisselen, hetgeen de hoge beveiligingsgraad in deze wijk verklaart. Handelaren beoordelen de koopwaar, van oudsher werd de koop met een hand-

Overigens: Een groot aantal diamantzaken is georganiseerd in de Antwerp Diamond Jewellers Association. De leden hiervan dragen het ADJA-label; zie www.adja.be. Wat niet wil zeggen dat winkels zonder label geen goede diamanten zouden hebben of onbetrouwbaar zouden zijn.

druk en de Jiddische spreuk 'Mazzel und Broche' beklonken. Vier stedelijke diamantbeurzen bevinden zich in de directe omgeving van het station. Een fraai voorbeeld is het pand aan de Pelikaanstraat 78. Aan de Vestingstraat, Pelikaanstraat en De Keyserlei en in het station zijn veel diamantwinkels.

Banden met de Congo

Pal naast het Centraal Station ligt de **Antwerpse Zoo** 1. De 10 ha grote dierenwereld pal naast het Centraal Station kwam er op initiatief van de toenmalige burgemeester, die in 1840 Artis in Amsterdam had bezocht. Bij de opening in 1843 lag de dierentuin nog buiten de stad, maar al spoedig werd het park, in Engelse landschapsstijl aangelegd, door bebouwing ingesloten. De Belgische banden met de Congo bleken een onuitputtelijke bron, vandaar dat Afrika goed is vertegenwoordigd. Met een ecologisch waterbeheersplan is de dierentuin de afgelopen jaren een duurzame weg ingeslagen. Maar het blijft natuurlijk gaan om dieren kijken: het bewonersaantal bedraagt

Hoffy's kosjere restaurant

Overigens: Bij het taxeren van diamanten wordt op de vier C's gelet: **Carat** (karaat, de dichtheid van het diamantmateriaal); **Colour** (kleur, hoe dichter naar wit hoe hoger de kwaliteit); **Clarity** (helderheid, door een loep wordt de transparantie beoordeeld); **Cut** (de snede van de diamant).
Wie meer te weten wil komen over diamanten kan terecht in het diamantpaviljoen van het MAS, in de wijk Het Eilandje.

ruim 5000. Het leeuwenperk is een van de grote trekpleisters. Kijk bij binnenkomst in het park naar de voedertijden (zeehonden, pinguins, nijlpaarden) en trainingsshows (zeeleeuwen) en plan uw bezoek daaromheen.

Wereld onder water

Een groot volume aan bassins gaat schuil in **Aquatopia** 2 in het Astrid Park Plaza Hotelcomplex. Vissen uit het Amazonegebied en tropische zeeen maken deel uit van de spectaculaire populatie. Van piranha's tot zwartpuntrif- en verpleegstershaaien en niet te vergeten koraalvissen en de familie van Nemo. Fibu, de octopus, is er speciaal om jonge bezoekers op ontdekkingstocht mee te nemen langs de meer dan 10.000 vissen en reptielen. Veel extra wetenswaardigheden worden op touchscreens gepresenteerd.

Zaken met een ziel

Het **Designcenter De Winkelhaak** 3 was een van de initiatieven om in het nieuwe millennium de wijk uit het slop te halen. Er is een tentoonstellingsruimte (wisselconcept), er zijn workshops, een bibliotheek en café. Tijdens een rondleiding bekijken bezoekers stijlstromen en een eeuw architectuur in Antwerpen. Tevens worden designobjecten vergeleken en getest, in de context van uitspraken van de ontwerpers. Om een idee te krijgen: er zijn messen van Antoine Van Loocke ('elk mes is een metalen ziel met gesmede gedachten'), gsm-houders van Bart Baccarne, kinderbadjes/bloembakken en plafondornamenten van Beerd van Stokkum, maar ook sokken en EHBO-dozen; stuk voor stuk spannende zaken door hun ontwerp, materiaalkeuze of toepassing.

Openingstijden en prijzen

Zoo Antwerpen: 1, Koningin Astridplein 26, tel. 03 202 45 40, www.zooantwerpen.be, 10-16.45/19 uur; € 22,50, combinatietickets met Aquatopia € 35 voor volwassenen.

Aquatopia: 2, Koningin Astridplein 7, tel. 03 205 07 40, www.aquatopia.be 10-18 uur; € 14,50, 3-12 jr € 10, combinatietickets met Zoo € 35 voor volwassenen, diverse familieformules.
Designcenter De Winkelhaak: 3, Lange Winkelhaakstraat 26, tel. 03 727 10 30, www.winkelhaak.be, ma.-vr. 10-18, za. 14-18 uur; toegang gratis.

Italië hoog boven De Keyserlei

De verstopte (hotel)ingang zorgt ervoor dat alleen kenners hun weg vinden omhoog naar **Gran Duca** 1; zie ook blz. 100.

Diamant op maat

De grootste diamantshowroom van Antwerpen heeft **Diamondland** 1 (Appelmansstraat 33A, tel. 03 229 29 90, www.diamondland.be, ma.-za. 9.30-17.30, van apr.-okt. ook veel zondagen 10-17 uur). Hier ziet u diamantbewerkers snijden en polijsten. Aankoop met garantie en certificaat.

Feest voor oog en smaakpapillen

Sinds de jaren 40 is Del Rey 2 (Appelmansstraat 5, tel. 03 470 28 61, ma.-za. 9-18.30 uur) een begrip in chocoladestad Antwerpen. Op ambachtelijke wijze worden dagelijks pralines, koekjes, gebak en ijstaarten gemaakt. Leuk souvenir is een doosje prachtige pralines, maar ook Antwerpse handjes met flesje Elixer d'Anvers. Ernaast is een koffiesalon / lunchroom.

Overigens: De joodse gemeenschap in Antwerpen omvat Sefardische joden, Ashkenazi, Chassidim en liberaler gezinde joden. Ze zijn herkenbaar in het straatbeeld aan hun lange bakkenbaarden, hoge zwarte hoed en zwarte kleding. In de joodse buurt, ten zuiden van het station – Pelikaanstraat en Lange Kievitstraat, zijn winkeltjes met religieuze voorwerpen en kosjere producten (veelal op zondag open).

Jiddisch Antwerpen

Hoffy's 2 (Lange Kievitstraat 52, zo.-do. 11-22, vr. tot 16 uur), tevens traiteur, serveert de Askenazisch-joodse keuken. Wie niet zo thuis is in de kosjere keuken bestelt een combinatieschotel met vispastei (gefillte fish).
Bij **Silberman** 3 (Simonsstraat 6) worden zilveren joodse – religieuze – objecten verkocht, waaronder chanukahs (kandelaars) en sieraden.
Seletski 4 (Lange Kievitstraat 70, tel. 03 232 69 66) is een van de uitgebreide joodse boekhandels in Antwerpen. Hier treft u vooral religieuze boeken, in het Jiddisch en Hebreeuws, en de geschiedenis van het jodendom.

13 Een verstopte art-nouveauwijk – Zurenborg

Kaart: ▶ F/G 6/7/8, Oriëntatiekaartje: blz. 71
Vervoer: Tram: Draakplaats

In opdracht van de gegoede burgerij verrezen vanaf 1882 in de wijk Zurenborg huizen in een exuberante bouwstijl en met weelderige interieurs. Overdadig versierde gevels met veel beeldhouwwerk – vaak op de klassieke oudheid geënt – en smeedijzer verschenen. Niet één stijl is overduidelijk aanwezig maar vrijwel elk pand of complex lijkt zich individueel te manifesteren en vertelt zijn eigen verhaal.

In de 16e eeuw bouwde een toenmalige grondspeculant de hoeve van Zurenborg waar nu het Cogels-Osylei kruispunt is. Hij liet een brede gracht graven om de grond te draineren. Met de vrijgekomen aarde hoogde hij een ander deel op waar hij populieren plantte. De hoeve ontwikkelde zich tot een hof van plaisantie. Eeuwen later bleek Zurenborg de aangewezen plek voor stadsuitbreiding en zou het domein de familie Osy goed geld opbrengen. Onder invloed van de industrialisatie trok de burgerij in de 19e eeuw steeds verder weg uit de sociaal onrustige binnenstad. Vanaf 1866 bebouwden zij het gebied tussen de oude en nieuwe omwalling; een deel van de 19e-eeuwse stadsuitbreiding is nog te danken aan Napoleon.

Ode aan de (paarden)tram

De cirkelvormige, door sporen doorsneden Draakplaats lijkt een ode aan de glorietijd van het openbaar vervoer. Kantoren en stelplaatsen aan weerszijden van het plein zijn nog uit de tijd van de paardentram. Omdat Zurenborg een nieuwe, uit het centrum geplaatste wijk was, werd er fors in het openbaar vervoer geïnvesteerd. Het eerste traject van de paardentram reed in 1873 tussen de Grote Markt en Zurenborg. Diverse watertorens stonden ten dienste van de stoomlocomotieven.

Transvaalstraat, Zurenborg

Rond de Dageraadplaats

Hemellichamen en sterrenbeelden zijn terugkerende elementen in tal van panden, maar ook in de straatnamen: Grote Beerstraat, Kleine Beerstraat, Schorpioenstraat. Alle straten die 'ster'-gewijs op de **Dageraadplaats** 1 uitkomen, zijn naar tekens van de dierenriem genoemd. Dit plein is het levendige centrum van de wijk – met op donderdag markt en de grootste concentratie handel en horeca. De parochiekerk Sint-Norbertus (1904) heeft een bindende functie in de wijk.

Westelijk van de Dageraadplaats is het pand waarin nu het fameuze restaurant Dôme zit, als politiekantoor gebouwd (1893). Het is zowel neobarok als neorenaissance. De hoofdcommissaris woonde boven het bureau. Kijk op de hoek van de Oostenstraat / Steenbokstraat naar het bijzondere flatgebouw. Op de afgeronde hoeken van de bovenste verdieping is een soort rotunda, net een kleine Griekse tempel.

Overigens: Een spoorlijn deelt de wijk in tweeën, met ten noorden van de Draakplaats / Tramplein een Antwerps stadsdeel, ten zuiden daarvan behoort de wijk bij Berchem. Maar liefst 170 huizen staan op de monumentenlijst. Op de spoorwegbrug van het Tramplein staat een gedicht van Herman de Coninck, een ode aan de Cogels-Osylei.

Hoogtepunt: de Cogels-Osylei

Bij uitstek aan de Cogels-Osylei in het zuidelijke deel van de wijk Zurenborg staat een reeks eclectische herenhuizen. Ze zijn vernoemd naar senator John Cogels en zijn vrouw Josephine Osy, medeoprichters en grootgrondbezitters van deze wijk. Waar architecten nog in de iets oudere, noordelijke wijk mee experimenteerden, werden de succesvolste concepten hier verder uitgewerkt. Het is er net wat chiquer en duurder, nog vaker zijn de panden hier in gebruik als praktijk of kantoor. Aan de Cogels-Osylei is de invloed van de Wiener Werkstätte opvallend. Wittinten worden gebruikt, majolicategels en combinaties van hardsteen en goud. Symboliek is aanwezig in opschriften, mozaïeken en beelden. We zien hemel en aarde, astronomie, mythologie, de vrouw, flora en fauna. Nu eens presenteert zich een schoolvoorbeeld uit de jugendstil, dan weer zijn er Venetiaanse invloeden.

Vlaamse neorenaissance

Op Cogels-Osylei 1 staat een geharnaste Brabo voor een Vlaamse renaissancegevel. Op nr. 25-29 is een mooi voorbeeld van historisme; het zijn de 'lusthuizen' In de Sterre, de Sonne en de Mane, samen een sprookjeskasteel in Vlaamse neorenaissance, met topgevels, hoektraptorens en een leien dak.

Loirekastelen als voorbeeld

Een bijzondere samenhang heeft het complex 32-43 2, eigenlijk een kruispunt met de Generaal Capiaumontstraat. Het is een paleisachtige formule, verwijzend naar de Loirekastelen, die uit vier complexen lijkt te bestaan. In werkelijkheid wordt elk van de vier blokken gevormd door drie wooneenheden. Wie goed kijkt, ontdekt detailverschillen. Ook de tuinaanleg had in het oorspronkelijke plan veel aandacht. Hoogstammige bomen waren verboden omdat zij de gevelarchitectuur zouden schaden. Onder meer robinia's werden aangeplant die elk jaar werden geknot; op sommige plekken staan ze nog. Diverse panden hebben nog het originele ijzeren hekwerk om de voortuin.

Venetiaanse invloeden

Op nr. 50 staat het art nouveau Huize Zonnebloem, evenals nr. 52, De Tulp, een ontwerp van J. Hofman. Het monumentaal bedoelde ontwerp van het geelbakstenen Huis De Morgenster op nr. 55, met rondboogvensters, staat in de schaduw van het zware neorococo buurhuis op nr. 57. Nr. 59, De Zonnewijzer, is in een late art nouveau opgetrokken. Een imitatie van het Venetiaanse Ca d'Oro is het vierdelige, vrijstaande complex nr. 65-71, met maaswerk in de loggia's, faience en mozaïeken. Een beeltenis van Quinten Matsijs prijkt bovenaan nr. 80.

Vrouwelijke gedaantes

De hoek Waterloostraat / Generaal van Merlenstraat laat op mozaïeken en glas-in-loodramen de seizoenen in vrouwelijke gedaantes zien. Lente en zomer hebben groen als hoofdkleur, herfst en winter zijn bruin. Loop terug door de Transvaalstraat en laat u opnieuw verrassen. Maar eigenlijk verdient vrijwel elk huis in deze wijk het om aandachtig bekeken te worden.

Overigens: De Cogels-Osylei en de Draakplaats vormden het decor in verfilmingen van het jeugdboek Pietje Bell. Hier vond de spectaculaire ontsporing van een tram uit de jaren dertig plaats.

Informatie

Grootse rommelmarkt op de Dageraadplaats, 1e zo. van mei, juni, aug. en sept.

Bereikbaarheid en pauzes

Met tram 8 en 11 gemakkelijk vanuit het centrum te bereiken.
Dome 1 en **Dome sur Mer** 2 zijn aanraders in een hoge prijsklasse (zie blz. 97-98). Aan de Dageraadplaats zitten diverse eenvoudigere horecagelegenheden, evenals aan het Draakplein; daar is brasserie **Moskou** 3 favoriet, een uitstekend adres voor een lunch, diner of tussendoortje.

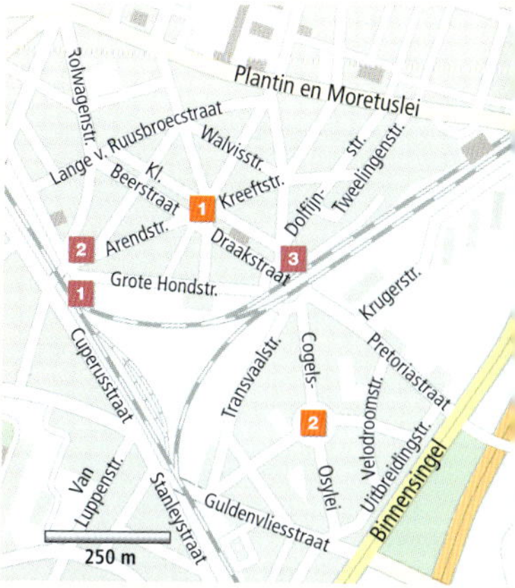

14 Sint-Anneke – Antwerpen Linkeroever

Kaart: ▶ A/B 1/5
Vervoer: Metro: F. Van Eeden

Linkeroever is het Antwerpse stadsdeel aan de westzijde van de Schelde. Het maakt sinds 1923 deel uit van de stad. Hier stond het oude Sint-Annadorp, ook Sint-Anneke genoemd, een populair oord voor Antwerpenaren om vertier te zoeken. Ook nu heeft het een recreatieve functie maar het is tevens een residentiële wijk.

Sinds 1933 verbindt de Sint-Annatunnel (zie blz. 53) de stad met het vroegere dorp Sint-Anneke en het achterliggende polderland. Tot die tijd stak men per veer de hier 500 m brede Schelde over. Ter vermaak waren het vooral de stedelingen die de overtocht maakten, want Sint-Anneke was zeer geliefd om de talrijke restaurants en speelhuizen. Typische familieuitjes waren 'mosselen op Sint-Anneke'. Vanaf de 16e eeuw stond er bovendien een belangrijke militaire vesting, die in de Spaanse tijd een grote rol speelde en in de 19e eeuw nog werd uitgebreld. Na de Eerste Wereldoorlog werd Sint-Anneke bij Antwerpen gevoegd.

Polderland onder het zand

Een grootscheeps ontwikkelingsproject volgde. De poldergemeenten – ook in het achterland – werden opgehoogd ter voorkoming van overstromingen van de Schelde. Het oude dorp verdween onder een drie meter dikke zandlaag. Nu snappen we ook de aanwezigheid van het strand ...

Overigens: Linkeroever (2008) is de titel van een horror-thriller van regisseur Piet Van Hees. Hoofdrolspeelster is een jonge, geblesseerde atlete (Eline Kuppens). Het decor wordt gevormd door de Chicago-building waar ze met een omineuze geliefde verblijft ...

Overigens: Linkeroever is vanaf de Groenplaats in één halte met de metro te bereiken. Eigenlijk is de lijn geen echte metro. Antwerpen heeft een premetrosysteem: een netwerk van tramtunnels voor de lijnen 2, 3, 5, 6 en 15. Aanvankelijk was de bedoeling dat hierdoor metrotreinen zouden gaan rijden. Vooralsnog zijn dat trams gebleven.

Opgehoogd en de hoogte in

Op het zand verrees de nieuwe Linkeroever: brede lanen met hoogbouw en daartussen veel open, groene ruimte. Inspiratie kwam van de urbanisatieprojecten van de beroemde architect Le Corbusier. Weekendhuisjes werden geruimd, villa's verrezen. Aan het begin van de jaren 50 kwamen er wijken met sociale woningbouw. Flatgebouwen verrezen, waaronder de 25 verdiepingen tellende 'Chicagobuilding' in de Europawijk. Door de voortdurende grondophoping bleef van het oude dorp niets meer over.

Antwerpen-Plage

Linkeroever is opnieuw de speelplek van de Antwerpenaren. Er is een jachthaven, een camping en een openluchtzwembad. Vanaf het **Sint-Annastrand** 1 wandelt u zuidwaarts naar het – openlucht – **Ankermuseum** 2 met scheepsschroeven, ankers en boeien. U passeert er een **monument voor wijlen koning Boudewijn** 3, vlak bij het metrostation. In westelijke richting ligt het **Sint-Annawandelbos** 4 en het vogelreservaat Blokkersdijk (zie blz. 87).

De houten windmolen (1787) is hier komen aanwaaien; hij stond tot 1937 in Kwaadmechelen, maar moest daar plaats maken voor het Albertkanaal. Op deze plek vervult hij de functie van taverne.

Fietsen door de polder

Uitwaaien in de polder over de Beverlandroute (43 km) of naar keuze met het fietsknooppuntennetwerk.

Uitblazen

Paling in 't groen, garnaal- of mosselkroketten eet je in **Taverne Restaurant De Molen** 1 (Jachthavenweg 2, tel. 03 219 32 08, apr.-sept. dag, okt.-dec. wo.-zo., jan.-feb. za.-zo.).

Overkapt terras met mooi zicht op de skyline van 'Antwaarpe' heeft het **Plaasj Kaffee** 2 (Wandeldijk 1, tel. 03 722 19 19, dag. vanaf 11 uur). Voor een mosselmenu of koffiepauze, met speeltuin.

15 Zicht op de naties – de haven

Kaart: ▶ Agglomeratie
Vervoer: Rondvaart, fiets, auto

Een oud Antwerps gezegde luidt: 'Antwerpen dankt de Schelde aan God en al de rest aan de Schelde'. De haven, die zo onlosmakelijk met de stad verbonden is, verdient dan ook een nadere beschouwing.

De tweede haven van Europa, de zevende haven wereldwijd, de grootste haven voor fruit, staal, petrochemie, de grootste sluis ter wereld. Vlamingen stellen zich bescheiden op, maar in het geval van de haven spreken de wapenfeiten voor zich. Het is dan ook een fascinerend schouwspel dat zich continu in de haven voltrekt. Daarbij blijft veel activiteit achter de schermen; een rondvaart met live-informatie van een gids is heel verhelderend. Alternatieven zijn ritjes per auto of fiets.

Naties en dekens

Oorspronkelijk werd de term 'natie' gebruik voor een corporatie of gilde. In de Antwerpse haven zijn naties vennootschappen die de opslag, laden, lossen en het vervoer van goederen tussen de kade en de pakhuizen of magazijnen verzorgen. Daar zijn ook schepen, treinen en vrachtwagens bij betrokken. Een natiebaas, tevens een van de aandeelhouders, stond aan het hoofd van een ploeg havenarbeiders, die hij dagelijks ronselde. Daarboven stonden de bestuurders, de natiedekens.

Onder het Napoleontische bewind werden de gilden en naties ontbonden.

Overigens: In de haven van Antwerpen werken ongeveer 65.000 mensen, indirect zijn daar nog zo'n 118.000 werknemers bij betrokken. Ongeveer 45% van de goederen wordt uitgevoerd, 55% betreft aanvoer. Er is een netwerk van 1113 km aan spoorwegen en 400 km voor wegverkeer.

Van halverwege de 19e eeuw dateren nog namen als Katoen Natie, Tabak Natie, Chocolade Natie, naar de goederen waar de bedrijven zich op toelegden. Die namen staan nog steeds op veel loodsen. Natiebazen zijn er steeds minder, veel bedrijven zijn in handen van buitenlandse ondernemingen.

Kerkschip

Om tegen de zeemijnen van de Britten opgewassen te zijn, liet Hitler betonnen tankschepen bouwen, die als bunkers zouden dienen om op volle zee onderzeeërs te bevoorraden. Tussen 1942 en 1944 werd hieraan in een Rotterdams dok gewerkt. Een van die schepen werd naar Antwerpen versleept om afgewerkt te worden met motoren en nautische installaties.

Dit schip werd bij de bevrijding in 1944 door de Belgische overheid in beslag genomen en vervolgens verkocht. Het is korte tijd als bunkerschip gebruikt en werd in 1950 door het aartsbisdom Mechelen gekocht. Nu is het **Kerkschip** 1 een godsdienstige ankerplaats voor varenden onder bescherming van patroon Sint-Jozef; binnenschippers vieren er hun doop, huwelijk en andere ceremoniën.

Droogdokkeneiland

In de 19e eeuw werden in de Antwerpse haven de eerste droogdokken gegraven. Hier werden schepen droog gelegd om ze vervolgens te kunnen herstellen. Naast droogdok nr. 7 aan de Siberiastraat staat het **Pomphuis** 2 (1918-1920). Drie enorme gietijzeren installaties pompten het droogdok vroeger in twee uur leeg. Ook de Red Star Line maakte geregeld gebruik van dit dok. In 1982 raakte het buiten gebruik maar het complex met art-nouveaukenmerken is gespaard gebleven. Er is een gerenommeerd restaurant (zie blz. 98).

Te zien vanaf het water

De Kattendijkbrug en de Royersbrug vormen de toegang tot het uitgebreide havengebied.

Het 5e Havendok wordt vooral ingenomen door (petro)chemische industrie. De raffinagecapaciteit van de Antwerpse haven bedraagt 40 miljoen ton aardolie per jaar. Het merendeel van de aanvoer gaat via de pijplijn Rotterdam – Antwerpen. Ook de silo's van de Katoen Natie bevatten chemische producten, in hoofdzaak polymeren. Er staan veel gespecialiseerde installaties, zoals silo's voor graangewassen, gekoelde tankparken voor fruitsappen, loodsen voor thee, koelhuizen voor exotisch fruit (ook bananen zijn erg gevoelig voor hun omgeving) en tanks voor oliën en vetten.

Polderdorp Lillo

Het polderdorp Lillo heeft een roerige geschiedenis achter de rug. Noormannen hadden er in de 9e eeuw een versterking. Het fort van Lillo werd ge-

IJspiste op de Badboot, Kattendijkdok

Havenkranen aan de kaaien

bouwd in 1573, door Antwerpenaren onder Spaans bewind. Willem de Zwijger liet het in 1584 uitbreiden. De vesting kon niet worden genomen, maar de troepen van Parma staken wel de dijken door. De overstroming die hiervan het gevolg was, hield Lillo 60 jaar onder water.

Het **poldermuseum** 3 van Lillo vertelt het verhaal van de oeverbewoners gedurende de afgelopen eeuwen, van verdreven dorpskernen, watersnood, oorlogen en verdriet. Voor achtergronden over de havenactiviteiten is de multimedia-tentoonstelling in het **Havencentrum Lillo** 4 heel informatief.

Berendrecht- en Zandvlietsluis

Samen vormen de Berendrecht- en Zandvlietsluis het verbindende sluizencomplex met de Westerschelde. Met een lengte van 500 meter, een breedte van 68 meter en een diepte van 17 meter is het de grootste zeesluis ter wereld. Er kunnen schepen van 55 meter breed passeren.

Nieuw visitekaartje

Zaha Hadid Architects tekenden het nieuwe Havenhuis van Antwerpen, ten noorden van het Kattendijkdok; de bouw is eind 2012 gestart. Het ontwerp houdt het midden tussen een schip en een enorme diamant die hoog en deels vrij hangt. Vanaf 2015 zal het een blikvangend visitekaartje van de haven zijn. In het Havenhuis zetelen administratieve en technische diensten, in het nieuwe complex zullen 500 mensen werken.

Overigens: De Havenroute is een 56 km lange fietsroute; startpunt is Hangar 27 aan de Rijnkaai. In het weekend is de drukte in het havengebied minder.

Informatie en openingstijden

www.havenvanantwerpen.be
Havenrondvaart: www.antwerpen.be/cruises, www.flandria.nu, juli-aug. en vakanties dag., van apr.-nov. verder vr.-za.-zo. Lange rondvaart duurt 2,5/3 uur, vertrek 14.30 uur, korte havenrondvaart 1,5 uur, vertrek 10.30 uur.
Voetveer: Van Pasen tot eind september gaat een voetveer over de Schelde tussen Lillo en Doel.
Kerkschip St-Jozef 1, Houtdok 25, Haven 25, ma.-vr. 10-20, zo. 9-18 uur, mis zo. 10.30 uur.
Poldermuseum Lillo 3, Tolhuisstraat 14, Pasen-sept. op zon- en feestdagen van van 13-18 uur.
Havencentrum Lillo vzw 4, Scheldelaan 444, Haven 621, Lillo, tel. 03 569 90 12, ma.-vr. 8.30-16.30 uur.

Gaarkeuken

Ooit stonden er in de haven veel gaarkeukens, warme schuilplaatsen waar de arbeiders bij een kom soep konden uitrusten. Als enige bleef **Gaarkeuken 110** 1 over (Vosseschijnstraat 21, ma.-vr. 6-20 uur), voor iedereen toegankelijk.

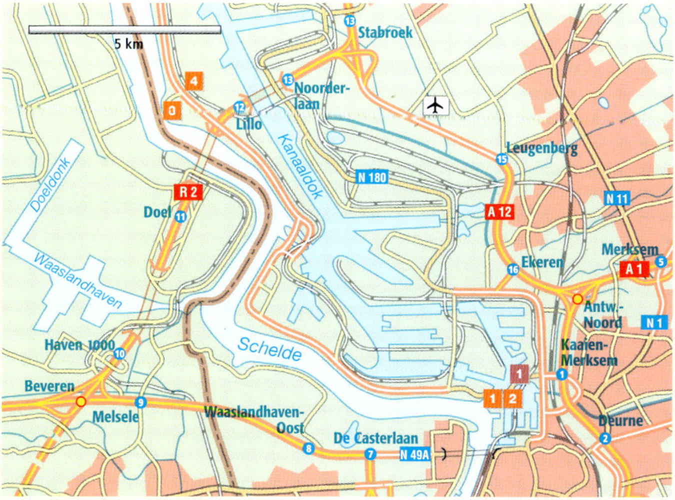

Antwerpen NU

Scan voor een actuele selectie van evenementen de QR-code voor in de gids of ga naar reizen.nl/antwerpenNU

Nog meer Antwerpen

Historische gebouwen, straten en pleinen

Begijnhof ▶ E 4

Rodestraat 39

Een onopvallende poort geeft toegang tot het 16e-eeuwse begijnhof. Toen lag het net buiten de stadsmuren. Het zijn nu bejaardenwoningen.

Boerentoren ▶ C 4

Eiermarkt 20

Tijdens de Eerste Wereldoorlog sloeg een bombardement een groot gat op de hoek van de Eiermarkt / Schoenmarkt. Het complex dat hier nadien verrees moest indruk maken op de Wereldtentoonstelling van 1930: hier verrees de eerste en hoogste wolkenkrabber van Europa. Inspiratie kwam uiteraard uit New York en Chicago. Daarvandaan namen de architecten Van Dodenakker, Smolderen en Van Averbeke het staalskeletconcept mee, dat hoger bouwen toeliet zonder heel veel steunpunten op de parterre. De gevel is duidelijk in art-decostijl. De Boerenbank was de eerste gebruiker, vandaar de naam Boerentoren.

Bourgondische Kapel ▶ D 4

Lange Nieuwsstraat 31

Hoewel de 15e-eeuwse Bourgondische Kapel privéwoning is en niet publiek toegankelijk, is het een historisch interessant gebouw.

De kapel werd gebouwd door Ridder Jan van Immerseel, markgraaf en burgemeester van Antwerpen, door Karel de Stoute in de ridderstand verheven. De kapel die boven een overwelfde doorgang ligt, is een schoolvoorbeeld van laatgotiek.

Hessenhuis ▶ D 3

Falconrui 53

Dit mooi gerestaureerde oude pakhuis, gebouwd door Duitse Hanzekooplieden, dateert van de 16e eeuw. Daarna was het een tempel, kazerne en brandweerpost. Nu is het tentoonstellingsruimte / trendy (homo)café.

Jordaenshuis ▶ C 4

Reyndersstraat 6

Het voormalige atelier en woonhuis van de schilder Jacob Jordaens (1593-1678) bevindt zich achter de Hoogstraat 43 (winkel). Met Rubens en Van Dyck vormde Jordaens het Antwerpse baroktrio; zeker na de dood van Rubens en Van Dyck kreeg Jordaens grote opdrachten. Te bezichtigen zijn de binnenplaats en de gevel.

Kloosterstraat ▶ B 6

Van de 12e tot de 19e eeuw stond op deze plek een machtige norbertijnenabdij gewijd aan Sint-Michiel. Dat verklaart de naam Kloosterstraat. Ook deze instelling viel ten prooi aan de verwoestende Fransen. In de afgelopen eeuw was het bepaald geen florissante buurt, maar nu is juist de Kloosterstraat een verzamelplaats geworden voor antiek- en brocantewinkeltjes. Bij goed weer worden de waren op straat uitgestald.

De Boerentoren

Maagdenhuis ► C 5

Lange Gasthuisstraat 33
Zie ook blz. 59

Marnixplaats ► B/C 6

De god Neptunus symboliseert op 20 m hoogte de vrijheid van de stad en draagt de naam 'Vrijmaking van de Schelde'. Het is een verwijzing naar de afschaffing in 1863 van de tol die Nederland voor schepen op de Schelde vroeg. Het zou een belangrijke impuls geven aan de haveneconomie. Het ontwerp is van architect Winders (1883).

Opera ► E 5

Van Ertbornstraat 8, tel. 03 202 10 11
www.vlaamseopera.be
Tijdens het theaterseizoen starten op zaterdagen om 12 uur rondleidingen achter de schermen (reserveren).
Opdrachtgever voor de bouw van het Antwerpse operagebouw was burge-

meester Jan Van Rijkswijck, in 1899. De steeds groter wordende groep Vlaamssprekenden wilde een eigen opera (de Franstalige gemeenschap had haar Bourlaschouwburg). Het resultaat was een neobarok gebouw dat in 1907 werd opgeleverd. Bij de eeuwviering is de opera na renovatie feestelijk heropend. De ovalen foyer is voorzien van roze marmeren muren en heeft een loggia. De plafondschildering hier is – evenals die in de grote zaal – van Emile Vloors. Een tweede foyer, theatercafé, heeft lage kruisgewelven, marmeren zuilen en houten lambrizeringen en ademt een Weense brasseriesfeer. De grote, amiftheatervormige zaal biedt plaats aan 1006 toeschouwers.

Osterriethhuis ► D 5

Meir 85

Speciale vermelding aan de Meir verdient dit prachtige rococopaleis, van architect Baurscheit. De traphal en binnenplaats geven zicht op de grandeur van de 18e eeuw. Een bank is eigenaar van het gebouw, en van het interieur waartoe schilderijen, gravures, wandtapijten en beelden behoren. Helaas is die niet voor het publiek toegankelijk.

Vlaeykensgang ► C 4

Een prachtig historisch plekje is de doorgang tussen de Oude Koornmarkt (entree bij nummer 16) en de Hoogstraat. Hier stond in de 15e eeuw een gasthof. Mogelijk heeft de Vlaaikensgang daaraan zijn naam te danken: de armen zouden hier 'vlaaien' (tarwebroodjes) uit handen van de rijken krijgen – die hier hun geweten mee susten. Ook is het straatje bewoond geweest door schoenmakers, die tevens waren belast met het luiden van de noodklok van de kathedraal. Eeuwenlang werd in de Vlaaikensgang een herberg uitgebaat.

Op www.topa.be staan uitgebreide beschrijvingen van de kerken van Antwerpen (en het hele bisdom). Daar vindt u de diensten, concerten en andere evenementen. Informatie over de belangrijkste kerken – de kathedraal, de Sint-Carolus-Borromeus, de Sint-Paulus, de Sint-Jacobs en de Sint-Andries – leest u ook op www.mkaweb.be.

De plek is een stille oase in de stad; er zijn enkele restaurantjes (zie Eten en drinken Sir Anthony van Dyck, blz. 99) en een galerie.

Musea

Studio Job ► C 6

Begijnenvest 8, tel. 03 232 25 15.

De tentoonstellingsruimte van Nynke Tynagel en Job Smeets, in een voormalige sigarenfabriek, houdt het midden tussen een museumzaal en een galerie. Daarin vinden in de eerste plaats hun eigen ontwerpen – decoratieve kasten, stoelen, sofa's, verlichting – een plek. Daarnaast presenteert het design- en kunstcollectief een paar maal per jaar thematische tentoonstellingen. Zo waren eerder porseleinen poppen te zien die in couture waren gehuld van Viktor & Rolf en lichtobjecten van Pieke Bergmans.

Middelheimmuseum

Middelheimlaan 61, tel. 03 827 15 34, www.middelheimmuseum.be, gratis toegang, audioguide € 3 (bij het Kasteel), ontdekkingskoffers voor kinderen; bus 17, 18, 21, 26, 27, 32

Aan weerszijden van de Middelheimlaan strekt zich het Openluchtmuseum Middelheim uit. In dit beboste park (24 ha) staan tientallen sculpturen van bekende en minder bekende kunstenaars. In Middelheim-Hoog (kasteelzijde) ziet u beelden van Henry Moore, Rik Wouters, Renoir, Rodin, Maillol, Dodeigne, Permeke, Zadkine. Vergeet de andere kant van de Middelheimlaan niet: daar vertegenwoordigd zijn Panamarenko, Mizui, Vermeiren. In 2012 is het museumterrein aanzienlijk uitgebreid en gemoderniseerd. Elke 2e zondag en 3e donderdag van de maand worden gratis museumwandelingen € aangeboden. Zie ook Parken en tuinen, Middelheim.

Zilvermuseum Sterckshof ▶ kaart agglomeratie

Cornelissenlaan/Hooftvunderlei 160, Deurne, tel. 03 360 52 52, www.zilvermuseum.be, di.-zo. 10-17.30 uur, toegang gratis, m.u.v. wisseltentoonstellingen. Tram 10 (Centraal Station naar Cogelsplein) en 24 (Waterbaan).

In deelgemeente Deurne staat aan het groendomein Rivierenhof een oude schanshoeve. Dit bijzondere complex bevat tal van ingerichte stijlkamers, met zilver uit de 16e tot de 20e eeuw, zowel religieuze voorwerpen als tafel- en toiletzilver, tin en (Doorniks) porselein. Naast het kasteel is een formele tuin. De serre-cafetaria bevindt zich in een moderne aanbouw aan de tuinzijde.

Parken en Tuinen

Boekenbergpark ▶ kaart Agglomeratie

Deurne; tram 10 en 11 Natuurhistorisch museum ma.-za. 14-18 uur.

Rond het kasteel Boekenberg in Deurne-Antwerpen ligt het gelijknamige park. Het landhuis werd tussen 1751 en

De schanshoeve Sterckshof

Nachtegalenpark is de verzamelnaam voor de parken Middelheim, Den Brandt en Vogelenzang.

1755 in rococostijl door Van Baurscheit gebouwd. Ook werd toen de vijfhoekige siertuin aangelegd, met spiegelvijver en amfitheater. Die spiegelvijver is in 1934 omgevormd tot openluchtzwembad; de zwemvijver Boekenberg is een natuurlijk gezuiverd en gratis toegankelijk zwembad.
In een 18e-eeuws grottencomplex in het park is een natuurhistorisch museum met fossielen en mineralen uit het precambrium en het kwartair.

Kruidtuin ► D 5

Leopoldstraat, 8-17.45 uur, vrij toegang
Begin 19e eeuw werd de botanische tuin aangelegd voor de scholen voor geneeskunde, chemie en plantkunde die hier vlak bij waren gevestigd. Nu is het een wetenschappelijke botanische tuin, met serre. In het oud-Engels aandoende, voormalige hoveniershuis kunt u voor een mooie lunch of 'tea' terecht.

Middelheim ► voorbij D/E 10

Middelheimlaan 61
Net buiten de ring ten zuiden van het centrum is de groenste wijk van Antwerpen. Het bestaat uit drie in elkaar over lopende parken: Vogelenzang, Middelheim en Den Brandt. Het waren ooit de domeinen van adellijke families die er hun hoven van vermaak hadden. Aan het begin van de 20e eeuw kwam het grondgebied in stadsbezit; de bouw van villa's met respect voor het groen werd toegestaan. Voornaamste toeristische trekpleister is het Openluchtmuseum Middelheim (zie Musea, blz. 80).
Aan Middelheimlaan 71, westelijk van de parkingang, is De Nachtegaal een nette uitspanning voor een hapje of drankje; met terras. Met jonge kinderen heel geschikt is de Melkerij, in het aangrenzende park Vogelenzang.

Park Spoor Noord ► E 2

Ellermanstraat; tram 3, 5, 6, 12 of bus 23, 31; wandelafstand vanaf het centraal station is een half uur.
Tot 2005 was het terrein van 24 ha een ongebruikt en onaantrekkelijk spoorwegterrein. Intussen is het getransformeerd tot park, met speeltuintjes, een skatebowl, ligweides, wandel- en fietspaden. De Cargo Zomerbar is een van april tot oktober geopende uitspanning. In de Parkloods zijn geregeld tentoonstellingen.

Provinciaal Groendomein Rivierenhof ► voorbij H 6/7

Turnhoutsebaan 232, tel. 03 360 52 00, van zonsopgang tot zonsondergang, vrij toegankelijk; informatiebalie Turnhoutsebaan 246.
Net oostelijk van de ring, bij afrit Antwerpen-Oost, leent het Rivierenhof zich voor rustig wandelen langs mooie dreven met oude bomen maar ook voor spelen en ravotten. Er zijn ook een kinderboerderij en minigolf, in het sprookjeshuis vinden op zondagen van 14-15.30 uur vertellingen plaats.

Vogelenzang ► voorbij D/E 10

Bij uitstek een op zondagen door gezinnen bezocht park. Trekpleisters zijn de grote speeltuin, speelvelden en het dierenparkje. Een rustig deel is de Hortiflora, met de thematuinen Dodoens en Rubens. Ooit besloeg het domein een vele malen uitgestrekter terrein, maar dat viel grotendeels ten prooi aan de ringweg.

Het Zotte Geweld (1912) van Rik Wouters, Park Middelheim

Lier ► kaart Agglomeratie

Toerisme Lier, Stadhuis, Grote Markt, tel. 03 800 03 13, www.toerismelier.be. Trein: reisduur van station Antwerpen-Berchem naar Lier is 10-13 minuten.

Het mooie stadje Lier is een alleraardigste daguitstap vanuit Antwerpen. Het oude centrum van Lier wordt omsloten door de Grote en Kleine Nete en de Afleidingsvaart. Daarlangs liggen nog delen van de 16e-eeuwse stadswal, er is een wandelpark van gemaakt.

Grote Markt en Brabantse gotiek

De Grote Markt is vrijwel geheel herbouwd na de Eerste Wereldoorlog. Het rococostadhuis verdient een bezoekje vanwege het fraaie trappenhuis en de kunstwerken in de raadszaal. Het belfort is nog 14e-eeuws. Van dezelfde periode is de oorsprong van de Sint-Gummaruskerk, maar de bouw daarvan nam bijna 250 jaar in beslag. De kerk met opvallende, hoge toren is in Brabantse gotiek gebouwd, die nogal Frans aandoet. In de kerk worden relieken bewaard van de heilige Gummarus, die in oktober in processie worden rondgedragen. De glas-in-loodramen zijn grotendeels 15e- en 16e-eeuws. Schilderijen uit de Vlaamse, Franse, Hollandse en Spaanse school maken deel uit van de collectie van het Museum Wuyts-Van Campen en Caroly, ook zijn er moderne werken. Een prachtig stukje oude stad is het begijnhof. Toegang geeft de monumentale poort in renaissancestijl – met het beeld van de heilige Begga, beschermster van de begijnen.

Kunstenaarsstadje

In Lier hebben nogal wat kunstenaars gewoond. In het Timmermans-Opsomerhuis leert u er enkele beter kennen, waaronder de schrijver Felix Timmermans en schilder Baron Opsomer.
Op de Grote Markt en bij de Zimmertoren zijn cafeetjes en terrasjes.

Mechelen ► kaart Agglomeratie

Toerisme Mechelen, Hallestraat 2-4-6, tel. 070 22 00 08, http://toerisme.mechelen.be. Trein: reisduur van station Antwerpen-Berchem naar Mechelen is 15 minuten.

Hoofse bewoners, de bisschopszetel en het gerechtshof maakten van Mechelen sinds de middeleeuwen een stad met aanzien. Het verleden is nog schitterend in beeld. Bovendien is het een levendig en gezellig stadje.

Stad van Margareta's

Een paar namen die u in Mechelen zeker tegen zult komen, zijn prinses Margareta Van York, regentes Margareta Van Oostenrijk en Keizer Karel V, die in de 15e en 16e eeuw in Mechelen woonden. Tal van gebouwen herinneren nog aan hun tijd, zoals het gerechtshof en de stadsschouwburg. Een standbeeld van Margareta Van Oostenrijk prijkt op de Schoenmarkt, voor het oude Schepenhuis. Men noemt haar hier 'Ons Margriet'.

Willem van Oranje en Op-Signoorke

De Brabants-gotische **Sint-Romboutskathedraal**, aan de Grote Markt, zou een hogere toren hebben gehad, als Willem van Oranje de daarvoor opgeslagen stenen niet in beslag had genomen; hij bouwde er de vesting Willemstad mee. Maar ook nu is de torenbeklimming van de 514 treden een flinke toer, waarbij u twee beiaarden passeert. Meld u voor torenbezoek bij Toerisme Mechelen.

Het stadhuis bestaat uit oude en nieuwe delen. Voor het complex staat een beeldje van het Op-Signoorke. Een eerdere variant van deze stadsmascotte werd vroeger in processies meegedragen en opgeworpen. Het vroegere stadhuis, het **Schepenhuis** (1288) is het oudste van Vlaanderen (ma. gesl.). Het is nu een museum voor kunst en geschiedenis. De 'besloten hofjes' die u daar kunt bewonderen, zijn een soort mini-altaarstukken, met beeldjes van hout of albast die versierd zijn met stukjes textiel en andere attributen.
In het Hof van Busleyden (in restauratie) woonde in de renaissance een belangrijk lid van de Grote Raad van Mechelen.

Op-Signoorke in Mechelen

Het **Museum Schepenhuis** (Steenweg 1, wo. gesl.) heeft tot 2017 vooral een grote collectie werken van Rik Wouters (uit de collectie van het KMSKA).
Op zaterdagochtenden (10.30 uur) kunt u bij de Koninklijke Manufactuur De Wit een deel van de collectie wandtapijten zien. Interessant is ook te zien hoe daar de reparatie en reiniging van wandtapijten plaatsvindt.

Kazerne Dossin

Goswin de Stassartstraat 153, www.kazernedossin.eu, do.-di. 10-17 uur, gesl. op joodse feestdagen
Toen in 1942 de massale vervolging van Belgische joden en zigeuners begon, werden ze voor hun deportatie naar de concentratiekampen in het oosten hier ingekwartierd in het doorgangskamp *Sammellager Mecheln*. Het museum documenteert sinds 2012 in een nieuwe behuizing van architect bOb Van Reeth het verhaal van de Holocaust in België en gaat op moderne wijze om met het thema mensenrechten.

Mechelen voor kinderen

Mechelen is een kindvriendelijk stadje. Vraag als u met kinderen een kerk bezoekt naar het project KijKerk, een doe-/speurtocht. De kerken zijn van 13.30–16.30 uur open, wekelijkse sluitingsdag is woensdag. Voor kinderen zijn er twee attracties bij uitstek geschikt. Aan de weg van Mechelen naar Leuven is de dierentuin **Planckendael**, tevens kweekcentrum voor de Antwerpse Zoo. Heel uitgebreid zijn de afdelingen Australië (nachtdieren), Azië

Houten olifanten van Andries Botha, te zien in de dierentuin Planckendael

Keizer Karel was erg dol op het Mechelschen Bruynen, dat al sinds de 14e eeuw wordt gebrouwen. Hij liet het op tal van veldtochten meeslepen. Het bier, van brouwerij Het Anker, heet inmiddels **Gouden Carolus**, naar een munt die tijdens Karels' regeerperiode werd geslagen.

en Afrikaanse hoefdieren, ook zijn er apeneilanden. In Planckendael staan ook houten olifanten van kunstenaar Andries Botha.
Voor in natuurwetten geïnteresseerde kinderen is **Technopolis** een uitdagende bestemming. Honderden interactieve opstellingen laten bezoekers kennismaken met zwaartekracht, electriciteit, zintuigelijke waarneming. En dat gebeurt op zeer speelse wijze, op luchtfietsen, in zeepbeldemonstraties, in autosimulaties en tijdens videopresentaties.

Schoten ▶ kaart Agglomeratie

Een aardige (fiets)bestemming vanuit Antwerpen is Schoten. Vooral in mei en juni, als de azalea's en rododendrons volop bloeien. Bezoek dan het kasteelpark **Vordenstein**, een van de hoeven van plaisantie, de buitenverblijven van de welgestelde Antwerpenaren. Van het oorspronkelijke kasteel bleef na de Tweede Wereldoorlog weinig over. Het park laat een mooie combinatie zien van de Franse barok en Engelse landschapsstijl. De tuinen zijn dagelijks geopend, 's zomers tot 21 uur.

Waasland ▶ kaart Agglomeratie

Het **Natuurgebied Blokkersdijk** ten oosten van het Parkbos Antwerpen op de linkeroever is een aantrekkelijk vogelland, broed- en stiltegebied. Het leent zich goed voor een fietstochtje om het polderland te leren kennen. Van de 100 ha in totaal wordt 46 ha ingenomen door de waterplas, gevoed door zoetwaterbronnen. Waargenomen worden fuut, dodaars, leeuwerik, karekiet en rietgors. Wie meer tijd kan uittrekken ziet wellicht zelfs (barm)sijs, roodborsttapuit, roerdomp, wulp, slobeend, kolgans of putter.

Aardbeitoetje

De omgeving van **Melsele** is een uitgelezen fruittelersgebied. De meest gekweekte appelvarianten zijn jonagold en elstar, het merendeel van de perenbomen levert conference en beurre hardy.
Als 'toetje' blijkt het ook een aardbeienparadijs. Er is zelfs een fietsroute op gemaakt: de Waaslandse Aardbeienroute. Deze vormt een afsteker naar het zuiden, nog voor de restanten van het fort **Half Maan**. Het fortenstelsel werd rond 1870 in opdracht van koning Leopold II tijdens de Frans-Duitse Oorlog aangelegd. Half Maan is een geliefde plek voor hengelaars.

Bijzondere bomen

De kapel van **Onze-Lieve-Vrouw van Gaverland** wordt sinds 1511 door bedevaartgangers bezocht. Toen vond een boer een beeld van Onze-Lieve-Vrouw onder een lindenboom. Hij gaf het aan de pastoor om in de kerk van Melsele te plaatsen. Maar de volgende dag lag het weer onder de boom. Op de vindplek is een kapel gebouwd, die werd gesloopt onder het Franse bewind, maar spoedig nadien herbouwd en uitgebouwd, want de aantrekkingskracht van Onze-Lieve-Vrouwe bleef groeien. Het huidige complex in bruine kalksteen is van 1862. In het park tegenover de kerk is een statieweg (1962/68) van Gerard Thienpont. Sinds 1954 is de O.L.V. van Gaverland doel van een aardbeienprocessie, de 4e zondag in mei.

Beveren

In het oude centrum van Beveren staat de Sint-Martinuskerk. De oudste delen zijn van de 12e eeuw, maar de kerk is in 1840 van drie naar vijf beuken vergroot. Het interieur is zeker de moeite waard. Ook voor winkelliefhebbers valt er nog iets te verkennen in Beveren.
Een imposante aanblik biedt de waterburcht van **Cortewalle** op het gelijknamige domein. Het zandstenen gebouw is in de vroege 15e eeuw gebouwd, strijd en belegeringen gingen aan Cortewalle voorbij. Halverwege de 19e eeuw zijn de ijskelder en de parktuinen in Engelse stijl aangelegd. Op de zolder van het kasteel is een heemkundig museum met uitgebreide kantafdeling. Kasteel en museum zijn beperkt open. Na het domein volgt een landelijk deel van de route, met Mariakapelletjes langs de wegen. Sommige maakten ooit deel uit van de statie van Gaverland. In veel van de serres worden aardbeien geteeld. Daarnaast is er veeteelt.

Het fort van Zwijndrecht

Het door water omringde fort van Zwijndrecht is nog steeds in gebruik door het Belgische leger en kan niet worden bezocht.

Toerisme Provincie Antwerpen (TPA) heeft informatie over de hele provincie, met inbegrip van Antwerpen, Mechelen, het Scheldeland en de Kempen.
Koningin Elisabethlei 16
2018 Antwerpen
tel. 03 240 63 73
www.provant.be
Specifiek voor het **Scheldeland**, waaronder Boom en Sint-Amands vallen, kunt u terecht bij Toerisme Klein-Brabant – Scheldeland, in Bornem, tel. 03 899 28 68, www.toerismekleinbrabant.be

Van mei tot en met september varen rondvaartboten op de Schelde, Dender, Rupel en Nete. Behalve klassieke rondvaarten zijn ook themaformules mogelijk. Wie het Scheldeland per fiets ontdekt, zal op diverse punten tussen Antwerpen en Gent veerponten tegenkomen; er zijn er op dit traject nog acht.

De Sint-Martinuskerk van **Burcht** heeft een metalen beiaard met 37 klokken. Hier stond al in de 7e eeuw een kapel, gewijd door Sint-Elooi die Burcht en Zwijndrecht kwam bekeren.

Rupelstreek ▶ kaart

Agglomeratie

Boom

De Rupelstreek is al van oudsher bekend als centrum van baksteenfabricage. Daar is niet veel meer van over, een aantal kleiputten en bedrijfjes is een nieuw – beschermd – leven tegemoet gegaan als streekmuseum. In het Nautisch Bezoekerscentrum in Boom is een oude steenschuit te zien en wordt een video vertoond over steenbakkerijen en scheepvaart in de omgeving.

Sint-Amands

Heel wat kunstenaars lieten zich inspireren door het land van water en dijken rond Sint-Amands. Aan de schrijver/dichter Emile Verhaeren is er een museum gewijd. Ook schilder Romain de Saegher kreeg een eigen museum. Sint-Amands ligt aan het museumspoorlijntje Puurs – Dendermonde, dat geregeld op zon- en feestdagen rijdt. Tweemaal per jaar loopt de kaai aan de Schelde vol met boekhandelaren en boekenliefhebbers.

Maria is in en rond Antwerpen alom aanwezig, in land- en hoekgevelkapellen.

Te gast in Antwerpen

Een strategisch en eenvoudig onderkomen of een bijzonder design-adres met of zonder wellness, Antwerpen heeft keus genoeg. En het bourgondische karakter komt uitstekend tot zijn recht in de Antwerpse keuken. Die onderging Spaanse, Portugese en Franse invloeden maar kenmerkt zich vooral door een hoogwaardig en divers aanbod. In veel winkels is de klant veeleer gast dan koper.

Overnachten

Antwerpen NU

Scan voor een actuele selectie van evenementen de QR-code voor in de gids of ga naar reizen.nl/antwerpenNU

Zoekt u een klein en persoonlijk logeeradres in een rustige wijk? Stelt u als hotelganger prijs op bijzondere sport- en ontspanningsfaciliteiten? Is de strategische locatie van belang: midden in het centrum, bij het Centraal Station of juist aan de Ringweg? Of is een kamer voor u puur functioneel en besteedt u uw budget liever buiten de deur? Reist u met kinderen? Voor alle smaken en budgetten zijn er passende bedden. De prijzen zijn uiteraard sterk afhankelijk van de geboden luxe.
In Antwerpen zijn op strategische locaties ook eenvoudige en betaalbare logies te vinden. Het historische centrum (kathedraal), het centrum (weerszijden van de Meir) en de Diamantwijk (Centraal Station) zijn de gunstigste locaties voor stadsbezoek.

Prijzen

De vermelde prijzen zijn vanaf-tarieven van 2011 en tenzij anders vermeld exclusief ontbijt. Reken daarvoor (uitgezonderd in de budgethotels) op € 15; overigens zijn er tal van originele ontbijtadresjes in de binnenstad. Als de accommodatie over eigen parkeergelegenheid beschikt, moet daar meestal voor worden betaald (€ 10-20 per nacht). Waar geen eigen parkeerplaatsen zijn, wordt vaak een actietarief aangeboden in een nabije parkeergarage. Vraag bij het boeken naar de parkeermogelijkheden en voorwaarden.
Veel hotels hebben promotietarieven, die op beperkte dagen beschikbaar zijn. Door zakenlieden bezochte locaties hanteren doorgaans lagere prijzen op vrijdag, zaterdag en zondag. In een aantal uitgelezen toeristenlocaties zijn de weekendprijzen juist hoger.

Budget

De nieuwe locatie van de Antwerpse Jeugdherberg Pulcinella is de Sint-Antoniusstraat, in de wijk Sint-Andries. Twee kleine kampeerterreinen bevinden zich aan de Linkeroever (Camping De Molen bij het Sint-Annastrand) en twintig kilometer noordelijk van Antwerpen (Camping De Watertoren) aan de A12 Antwerpen – Bergen op Zoom. Aan de Vogelzanglaan 7-9 is een camperterrein.

Bed & Breakfast

Bed & Breakfastadressen hebben geen steraanduiding, maar daaronder zijn ook luxueuze kamers. Op www.gastenkamersantwerpen.be is een selectie van een veertigtal B&B's verzameld, aangesloten bij het gilde en met een maximum van drie kamers, en kunt u de ligging en beschikbaarheid in één oogopslag bekijken. Het aanbod B&B's is groter dan alleen de aangesloten leden; ook onder de niet-leden zijn adressen met een hoge kwaliteitsstandaard. Bij gastenkamers worden niet altijd creditcards geaccepteerd.

Prettig en betaalbaar

Bed & Coffee – **Fortysecond Suite** ■ C 4, Wolstraat 42, www.fortysecond suite.com, 2-pk € 90-95. Marc en Andrew zijn de gastheren van Bed & Coffee 42nd Suite: twee ruime kamers met badkamer op de eerste en tweede verdieping van een historisch pandje achter het H. Conscienceplein. In de ontvangstruimte op de benedenverdieping hangen schilderijen van Andrew en er staat een nespresso-automaat; voor onbijt of brunch zoekt u een adresje in de buurt.

Comfort aan de Ring – **Crowne Plaza Antwerp:** ■ D 10, Gerard Le Grellelaan 10, tel. 0800 023 55 02, tel. 03 259 75 00, www.crowneplaza.com, kamerprijzen vanaf € 88 (weekend) en € 120 (weekdagen). Een favoriet onder zakenlieden, maar ook toeristen genieten van faciliteiten als het binnenzwembad, de sauna, het fitnesscentrum en wifi in de lobby, bar en andere publieke ruimtes. Het kolossale gebouw met 262 comfortabele gastenkamers bevindt zich aan de ringweg, bij de Expo. Het restaurant heeft eveneens een uitstekende naam.

Binnen de kloostermuren – **Elzenveld:** ■ C 5. Lange Gasthuisstraat 45, tel. 03 202 77 70, www.elzenveld.be, 1-pk vanaf € 76, 2-pk vanaf € 109 incl. ontbijt, appartement voor 2 pers. vanaf € 130. Nog goed herkenbaar is de voormalige functie van het Elzenveld: een gasthuis waar aan het lichamelijk- en zieleheil van arme sukkelaars werd gewerkt. Sfeervolle elementen komen van de authentieke architectuur met zuilen, bogen, balken en de binnentuin (met spooksculpturen), de inrichting is wat stijfjes en gedateerd. Door de aanwezigheid van diverse zalen (ook de oude kapel, Kanunnik Van Gesselzaal met gotische zuilen) wordt het Elzenveld veel als conferentielocatie gebruikt; er zijn 40 kamers.

Kleine kamer, kleine prijs – **Hotel Ibis Budget Antwerpen Centraal Station:** ■ F 5, Lange Kievitstraat 145, tel. 03 202 50 20, www.accorhotels.com, 2 tot 3-pk, vanaf € 49. Voor tal van bezoekjes volstaat eenvoudige en goedkope logies. Zeker voor treinreizigers is het Etap Hotel een overweging, dat dicht bij het Centraal Station staat (naast de Zoo). De zeer compacte kamers hebben een tweepersoonsbed met een eenpersoons-bovenbed.

Slapen op Het Eilandje – **Holiday Inn Express Antwerp City North:** ■ D 3,Italiëlei 2A, tel. 03 221 49 49, www.hiexpress.com/ex-antwerp, kamerprijzen sterk afhankelijk van dag en reserveringstermijn, weekend vanaf € 79 (res. via internet en zonder restitutie), weekdagen vanaf 86. Een kwartier lopen van het centrum, in de zich ontwikkelende wijk Het Eilandje is deze telg van Holiday Inn een comfortabele, zij het weinig verrassende keuze. Kinderen (maximaal twee per kamer bij ouders) verblijven en eten gratis.

Bij vogelen en theater – **Ibis:** ■ D 5, Meistraat 39, tel. 03 393 90 02, www.ibishotel.com, 2-pk vanaf € 69 (beperkte data), gemiddeld rond € 85. Naast Vogelenmarkt en schouwburg, zeer centraal in het centrum. Lounge en ontbijtzaal modern design, kamers standaard. Parkeren (betaald) in de parkeergarage aan overzijde. Enkele kamers voor gasten met beperkte mobiliteit.

Strategisch en gastvrij – **Leonardo Hotel Antwerpen:** ■ E 5, De Keyserlei 59, tel. 03 232 14 43, www.leonardo-hotels.com, vanaf € 69/89, ontbijt € 10 p.p. Standaard Comfort Rooms in aardekleuren of een ruim tweemaal zo grote Junior Suite, tegenover het station. Behalve strategisch ook een prijstechnisch gunstig adres. Kleine privéparkeerplaats (tegen betaling).

Nothing to hide of just friends? – Les Nuits: C 5, Lange Gasthuisstraat 12, tel. 03 225 02 04, www.hotellesnuits.be, kamers vanaf € 165, online vanaf € 149. De inrichting komt rechtstreeks uit het Flamantwinkelassortiment. Kamertype Nothing to Hide beslaat één open ruimte voor slapen en baden, Cosy Sleeping is een kleine kamer met aparte douche. Twee aparte bedden hebben Just Friends en Solo Slim. Daarnaast heeft Les Nuits twee ruime suites. Beneden is een wellnessruimte met sauna / stoombad.

Moderne parel in de Diamantwijk – Lindner Hotel & City Lounge Antwerpen: F 5. Lange Kievitstraat 125, tel. 03 227 77 00, www.lindnerhotels.be, 2 pk vanaf € 128, weekend vanaf € 105. Voorheen Golden Tulip, achter het station, veel door zakenlieden gebruikt maar ook gunstig gelegen en comfortabel voor de stadstoerist. In totaal 169 modern ingerichte kamers.

Voor gezinnen en zakenlieden – Novotel Antwerpen: kaart agglomeratie, Luithagen Haven 6, tel. 03 542 03 20, www.novotel.com, kamerprijs sterk afhankelijk van datum en reserveringstijd. Dicht bij de noordring en het Metropolis, tussen haven en stad (7 km van het centrum), kan een verblijf in het Novotel een strategische keuze zijn. Niet in de laatste plaats vanwege de voorzieningen: buitenzwembad, speeltuin, gratis parkeren en gratis internet in de lobby. Zowel bezocht door zakenlieden als gezinnen (twee kinderen onder de 16 jaar bij verblijf in kamer ouders gratis logies en ontbijt).

Fit de stad verkennen – Radisson Blu Astrid Hotel: E 4, Koningin Astridplein 7, tel. 03 203 12 34, www.radissonblu.com, 2-pk vanaf € 140, weekend vanaf € 120. Tegenover het Centraal Station ligt het Radisson Blue Astrid Hotel, een perfecte uitvalsbasis in de Diamantwijk. 's Ochtends fit beginnen met een heerlijk ontbijt en na het winkelen lekker ontspannen in zwembad en sauna; met trendy bar/restaurant en parkeergarage.

Achter de Grote Markt – Rubens Hotel Grote Markt: C 4, Oude Beurs 29, tel. 03 226 95 82, www.hotelrubensantwerp.be, vanaf € 120 (incl. ontbijtbuffet) voor een standaard kamer tot € 445 voor de Rubens Suite. De 36 kamers zijn keurig klassiek ingericht en comfortabel. De ligging is uitstekend: praktisch aan de Grote Markt en toch heel rustig – als u een kamer heeft aan de patio met tuinzicht. 's Zomers ontbijten in de binnentuin, aan de voet van de eeuwenoude toren.

Met vleugje historie – Sir Plantin Hotel: G 6, Plantin en Moretuslei 136, tel. 03 271 07 00, www.sirplantin-antwerp.com, 2-pk vanaf € 79, diverse groottes en luxeklasses, ook familiekamers. Eind 2010 geopend, groot hotel met voordelige parkeermogelijkheden, modern interieur met designmeubilair- en verlichting en veel klassieke verwijzingen, zoals de (detail)portretten van historische Antwerpenaren. Midden tussen stationsbuurt en de art-nouveauwijk Zurenborg, voor een hapje of drankje zijn de Dageraadplaats en het Draakplein vlakbij. Kamers aan de achterkant zijn rustig.

Stijlvol

Huiselijke luxe – De Witte Lelie: D 4, Keizerstraat 16-18, tel. 03 226 19 66, www.dewittelelie.be, 2-pk vanaf

Lounge van Hotel Julien

€ 215 (zo.-do) en € 295 (vr.-za.). Achter de deuren van de mooie 17e-eeuwse façade wacht geen receptie maar een huiskamer met Bart Busschop of een van zijn medewerk(st)ers. Huiselijk is ook de open (ontbijt)keuken. Het witte waarmerk is intussen uitgebreid met kleurrijke kunststukken en vloerkleden. Dit sfeerhotel met garage onder de knusse binnenplaats heeft 11 kamers, van standaard (met ruimtelijke mezzanine) tot suite en presidential. Kamer 10 (standard) heeft een terras.

O zo trendy – **Hotel O** ■ B 5, Leopold de Waelplaats 34, tel. 03 292 65 10, www.hotelhotelo.com, € 99-235 afh. van dag en kamer. Nieuwe aanwinst op Het Zuid. Vier luxeklasses, allemaal met inloopdouche, nespresso-apparaat, grote flatscreen-tv, exclusief linnengoed en met in veel kamers een vrijstaand bad – in de Ecokamer een houten badkuip. Mortex wanden en vloeren, in de gangen zijn lichtdeurpanelen met historische afbeeldingen de enige verlichting. Hotel O heeft een 'huisfotografe': Klaartje Lambrechts. Een tweede filiaal van Hotel O – met meer doch kleinere en eenvoudigere kamers – bevindt zich aan de Handschoenmarkt, aan de voorzijde van de kathedraal.

Natuurlijke klasse – **Julien:** ■ C 4, Korte Nieuwstraat 24, tel. 03 229 06 00, www.hotel-julien.com, € 195, € 245 en € 295, inclusief ontbijt. Twee verbouwde historische pandjes in het centrum bevatten 22 ruime kamers met licht, eigentijds interieur in natuurlijke materialen. De lounge heeft een open haard, een hippe bar, er is een kleine binnenhof en beneden is een sfeervol wellnesslandschap. Oplopend in grootte en luxe zijn de kamercategorieën: Mood, Dreamer en Experience. Kamers 7 en 28 hebben een terras en kijken uit op de kathedraal.

AntwerpenNU

Scan voor een actuele selectie van evenementen de QR-code voor in de gids of ga naar reizen.nl/antwerpenNU

Eten en drinken

Eetcultuur in Antwerpen

In Antwerpen kunt u uitstekend uit eten. De keuze is groot, de kwaliteit in de meeste gevallen prima. De originaliteit scoort ook hoog, omdat al sinds jaar en dag exotische producten en bereidingswijzen via de haven binnenkomen. Op de plekken waar de meeste toeristen samenkomen, wordt de authentieke Vlaamse keuken in ere gehouden. In dit hoofdstuk zijn ze gerubriceerd onder Koffie- en theehuizen, Gastronomisch, Goed en voordelig, Sfeervol en Vegetarisch.

Kopen en eten

Opmerkelijk is in Antwerpen ook de functionele vermenging van de horeca. Het is bepaald niet ongewoon om in een schoenenbar te kunnen lunchen of in een boetiek terecht te kunnen voor een vers sapje, een stuk gebak, een kop soep of een glas martini.

Tafels aan de kant

Onder de rubriek 'Uitgaan' vindt u diverse adressen van clubs die een prima keuken hebben. Maar u kunt ook het omgekeerde tegenkomen: restaurants die op de late avond de tafels opzij schuiven om plaats te maken voor de dansvloer, zoals bijvoorbeeld De Kaai. En in Lux en Pazzo treft u respctievelijk een mooie cocktail / wijnbar om een avondvullend programma door te brengen.

Koffie- en theehuizen

Koffie genieten – Boer Bretel: D 2, zie blz. 47.

Keizerlijke koffie in het stadspaleis – Café Impérial: D 4, zie blz. 50

Dubbel zwart – Coffee & Vinyl: B 6, Volkstraat 45, di.-za. 10-19, zo. 12-19 uur. Conceptstore met een combinatie van lp's en heerlijke koffie. Niet gelikt en dus hip, natuurlijk met gratis wifi.

Voor de madammen – Cuperus: C 5, Schoenmarkt 20, ma.-za. 9-18 uur. Antwerpse madames stiefelen gelijk de koffiewinkel/branderij door naar achteren, naar de koffiebar. Voor, tijdens en na het winkelen, ouderwets lekker met een speculaasje, koekje of chocolaatje.

Brunch op stand – De Foyer: D 5, Komedieplaats 18, tel. 03 233 55 17, 11-19 uur en rond voorstellingen, zondag brunch 11-13 uur. Met een plek als De Foyer is het eenvoudig imponeren ... Een eetzaal met palmen, hoge ramen, een koepel en tal van laat-classicistische elementen, rustige muziek op de achtergrond. Ga er minstens heen voor een koffie, maar ook de lunches zijn goed en voor billijke prijzen; heel populair is de zondagse brunch.

Wafelpauze – Désiré de Lille: C 5, Schrijnwerkersstraat 14-18, 9-20/22 uur.

Een algemeen eethuis met nostalgische uitstraling (waar het publiek aan bijdraagt), huisspecialiteit zijn de wafels. Wie geen tijd heeft om te gaan zitten loopt naar de hoek met de Meir waar Désiré een wafelkiosk heeft.

Coffee & comfort food – **Farine:** D 4, Vlaamsekaai 40, tel. 0499 75 16 17, 7.30-18, ma.-di. tot 15 uur. Eerlijke stop op Het Zuid voor een koffie met croissant, een uitgebreide brunch of even een heerlijke bio / fair trade koffie, chai latte masala of verse gemberthee.

Koffie met snor – **Mademoiselle Moustache:** C 4, Paardenmarkt 21. Tussen de studentenwijk en Het Eilandje is Mademoiselle Moustache een nieuw trendadresje voor koffie – of thee natuurlijk. Liefst als macchiato of chai latte, als je er maar een snor van krijgt.

De Foyer

Vitaminebreak – **Pitten en Bonen:** C 5, Lombardenvest 31, 10-18 uur, zo. gesl., menu gemiddeld € 15. Versgeperste sappen en versgemixte shakes. Ook komen hier zeer jeugdige gasten voor wie een fruithapje uit de blender wordt getoverd. Wie meer wil, kiest van de Italiaanse kaart: focaccia, panini. En na de vitaminestoot weer verder winkelen.

Huiskamer in Zurenborg – **Wattman:** G 7, Tramplein 3, tel. 03 230 55 40, open vanaf 10 uur, lunch 10-15, diner 18-22 uur. Op een strategisch hoekje tussen de twee art nouveauwijken van Zurenborg. Wattman heeft de stijl van een huiskamercafé. Zowel een adresje voor koffie met taart als salades en (bio)dagschotels. Wattman wordt ook 's avonds – als café – bezocht.

Gastronomisch

El Bulli in Antwerpen – **De Godevaart:** C 4, Sint-Katelijnevest 23, tel. 231 89 94, hoofdgerechten € 30-40 menu's € 50/65-115, excl. – passende – wijnen, zo.-ma. gesl., za. geen lunch. El Bulli's moleculaire keuken in Antwerpen: lichte en intens smakende gerechten, veel- van biodynamische herkomst. Als de beurs het toelaat zeker een aanrader; bij mooi weer in de binnentuin.

Vis aan de kaaien – **Dock's Cafe:** C 3, Jordaenskaai 7, tel. 03 226 63 30, 11.30-24 uur, zo. gesl., menu's € 25,50-42,50, tweegangen daglunch ma.-vr. € 15. Uitgelezen adres voor een visdiner: kreeft, oesters en andere mooie zeedieren. De keuken werkt geregeld met een wisselend thema, waarbij karakteristieke streekgerechten en landenkeukens worden geserveerd.

Tweemaal hoge klasse – **Le Dome:** F 7, Grote Hondstraat 2, tel. 03 239 90 03, keuken open 12-14 en 19-22.30,

Restaurant Het Pomphuis

za. 19-22.30 uur, degustatiemenu € 78, lunchmenu € 39. Zeer betrouwbaar klassiek restaurant van de hoogste klasse. Voor fijnproevers, niet voor veelvraten, waar je liefst de chef carte blanche geeft. Vroeger was het pand een theehuis, veel van de art-nouveau-tijd is bewaard gebleven, waaronder een prachtige mozaïekvloer; er klinkt rustige jazz.

Schuin tegenover Dome opende Julien Bobichon een eigentijdse eetbar, **Dome sur Mer** (Arendstraat 1, tel. 03 281 74 33, keuken open van 12-14 en 18-23 uur, za. middag gesl.). Driekwart van de menukaart bestaat uit schaal- en schelpdieren. Sfeer neigt naar een moderne tapasbar; authentieke à la plancha(grill)schotels.

Eerlijke klasse – **Graanmarkt 13:** D 5, Graanmarkt 13, tel. 03 337 79 91, di.-za. 12-14.30 en 18.30-22 uur. In het souterrain van de gelijknamige concept store staat de keukenbrigade onder supervisie van Seppe Nobels (beste junior-chef van België in 2005). Neutrale, moderne inrichting, alle aandacht is voor de terroirkeuken met invloeden uit Frankrijk, Italië en Japan. Een lunchmenu wordt geserveerd voor € 30, diner € 60 en 80 voor resp. vijf en acht gangen, ook à la carte. Of als tussendoortje bij het winkelen een glaasje champagne met club sandwich of kaviaar ... Tevens kleine binnenhof.

Bijzondere plek voor bijzondere gelegenheid – **Het Pomphuis:** net buiten D 1, Siberiëstraat z/n (volg Kattendijkdok-Oostkaai en Mexicostraat), tel. 03 770 86 25, 12-15, 18-22.30/23, zo. 12-22 uur, hoofdgerechten € 25-30, driegangen businesslunch € 28 (ma.-za.), driegangenkeuzemenu € 45. Ooit was het pand pomphuis van droogdok

7. Het dok was speciaal aangelegd om de schepen van de Red Star Line te repareren. Het dok werd gedempt. In dit pomphuis staan nog steeds de technische installaties waarmee het water uit het dok werd gepompt. Gastentafels bevinden zich op twee niveaus, de bovenverdieping is met sierlijk smeedijzer afgezet. Beneden is een serre aangebouwd.

Feest voor alle zintuigen – **Neuze Neuze:** C 4, Wijngaardstraat 19, tel. 03 232 27 97, 12-14 en 19-21.30 uur, wo. en zo. gesl., za. geen lunch; lunchmenu's ma, di., do. en vr. € 26, dinermenu's viergangen € 54, hoofdgerechten à la carte € 20-30. Stijlvol modern interieur in een serie 16e-eeuwse pandjes, tussen het Hendrik Conscienceplein en Grote Markt. Avondvullend gastronomisch tafelen bij José en Sandra Diez, zeer uitgebreide wijnkaart. Aparte barfumoir.

Wijn in de hoofdrol – **Pazzo:** D 3, Oudeleeuwenrui 12, tel. 03 232 86 82, 12-15 en 18-23 uur, za.-zo. gesl., tweegangenlunch € 20, hoofdgerechten € 18-30. Voor de echte wijnliefhebber is Pazzo zeker de perfecte bestemming. Boven is een wijnloungebar, beneden restaurant. Maar ook wie wat minder nadenkend een mooi glas wil drinken kan terecht in deze prachtige zaak, heel naturel ingericht met ongelakt hout en steen. Geen grote kaart, wel heel origineel. Genoeg keuze om het eten bij de wijn uit te kiezen. Pazzo is Italiaans voor 'om – op prettige wijze – zot van te worden'; u bent gewaarschuwd.

Eten als Van Dyck – **Sir Anthony van Dyck:** C 4, Oude Koornmarkt 16 (Vlaeykensgang), tel. 03 231 61 70, zon- en feestd. gesl., gastronomisch viergangenmenu € 47, à la carte hoofdgerechten € 35. Een historische, smalle doorgang tussen de Oude Koornmarkt en de Hoogstraat bevat enkele 16e-eeuwse pandjes met inmiddels vrijwel alle een restaurantfunctie. Sir Anthony van Dyck is een stijlvolle klassieker, gerestaureerd en ingericht door antiquair Axel Vervoordt als ten tijde van Van Dyck. Er zijn verschillende – kleine en knusse – ruimtes.

Goed en goedkoop

Lekker eten zonder franje – **Confituur:** C 4, Minderbroedersrui 38, tel. 03 294 39 50, wo.-zo. 11-23 (keuken tot 21) uur, hoofdgerechten € 12-15. Een no-nonsense eetcafé met zuidelijke allure, in de Sint-Pauluswijk. Op de kaart staan superbroodjes met een Amerikaanse swing, originele pasta's maar ook wokgerechten. Of stel een menu samen met diverse kleine gerechten. In het weekend en op feestdagen wordt een brunch geserveerd voor € 12,50.

Patent pleinlokaal – **Patine:** B 6, Leopold de Waelplaats 1, tel. 03 257 09 19, dag. open. Breed is het spectrum van Patine: koffie, wijn, hapje eten. Maar wat is het nu, een koffiehuis, bistro, wijnbar? Eigenlijk allemaal.

Bio aan de Beurs – **Sjalot en Schanul:** C 4, Oude Beurs 12, tel. 03 233 88 75, 17-22 uur, di.-wo. gesl., voorgerechten € 4-13, hoofdgerechten rond € 15. Ongedwongen, Mediterraan restaurant met organische uitstraling waar groenten meer dan een bijrol hebben, met bijvoorbeeld verse artisjokken in het seizoen. Tot 15 uur superbroodjes. Een winnaar is de Spaanse brunch.

De wereld in een notendop – **ViaVia Reiscafé:** C 4, Wolstraat 43, tel. 03 226 47 49. Losse sfeer in een 'reis'-

setting met landkaarten aan de wand. De gerechten en combinaties verraden een oorsprong uit alle windstreken: chili con carne, Vietnamese biefstuk en rijstepap; tapas stillen de kleine trek.

Sfeervol

Burgers in de hoofdrol– De Burgerij: C 2, zie blz. 47.

Metamorfose aan de Schelde– De Kaai: C 2, Rijnkaai 94, Hangar 26, tel. 03 233 25 07, www.de-kaai.be, driegangenlunch € 25; pasta's/focaccia's € 10-14, hoofdgerechten € 18-25. In de oude hangar aan de oever van de Schelde is De Kaai een strak maar toch sfeervol loungy restaurant. Naar keuze in de serre, voor het directe zicht op de Schelde, of 'binnen'. 's Zomers een uitgelezen plek door het verandaterras. De kaart vertoont Vlaamse specialiteiten in een moderne omhulling. In De Kaai gaan tegen 23 uur de tafels opzij en wordt er gedanst. De cliëntele heeft een hoog (y)up-gehalte. Eigen parkeerplaats.

Goed maar ongedwongen – De Kleine Zavel: B 4, Stoofstraat 2, tel. 03 231 96 91, di.-vr. en zo. lunch en diner, za. alleen diner. Hoofdgerechten 20-30, lunchmenu di.-vr. en zo. 12-14 € 30, keuzemenu De Kleine Zavel € 53. Gezellig en ongedwongen, interieur met veel hout, weckflessen, houten kisten en andere nostalgische verwijzingen. Er schuiven Antwerpenaren, zakenlieden, toeristen en kunstenaars aan. 'Vintage' sfeer.

Paard en kreeft – De Peerdestal: C 4, Wijngaardstraat 8-10, tel. 03 231 95 03, maandmenu driegangen € 42,50, seizoensmenu € 27,50, hoofdgerechten rond € 25, elke dag lunch en diner. Sfeervolle ruimte met bar, favorieten uit de Frans-Belgische keuken, geroemde paardensteaks en kreeft, mosselen en vis.

Trendy Italiaans – Ferrier 30: B 6, Leopold de Waelplaats 30. tel. 03 216 50 62, 12-15 en 18-23 uur, wo. gesl., hoofdgerechten rond € 18. Strakke inrichting, loungemuziek, daarmee is Ferrier 30 een onopvallende, trendy Italiaanse eend op Het Zuid. Toch verdient de keuken, waarin verse ingrediënten tot originele, pure gerechten worden verwerkt aandacht.

Italiaan op hoogte – Gran Duca: E 5, Keyserlei 28, tel. 03 202 68 87, ma.-vr. 12-14.30 en 18-22.30 uur, za. 18-22.30 uur, hoofdgerechten € 18-25, driegangenlunchmenu € 35. De verstopte (ho-

tel)ingang zorgt ervoor dat alleen kenners hun weg naar Gran Duca vinden. Tot de elegantste Italiaanse restaurants behoort absoluut Gran Duca. Niet alleen vitello tonnato, maar ook coquilles met een coulis van puntpaprika, carpaccio van zwaardvisfilet, geconfijte lamsschouder, salade van langouste en een patrijspannetje prijken tussen andere smaakvolle grootheden uit verschillende Italiaanse streken op de kaart. En niet te vergeten een knapperige risotto. De zesde verdieping biedt mooi uitzicht op de stad, 's zomers kan er ook op het terras gegeten worden. Gasten kunnen gebruikmaken van de privéparking, ingang Appelmansstraat.

Michelinster – Het Gebaar: D 5, Leopoldstraat 24, tel. 03 232 37 10, di.-za. 11-18 uur. Moe geworden van het antiekwinkelen? In de botanische tuin staat het sprookjesachtige lunch/lounge-restaurant Het Gebaar, in de voormalige hovenierswoning. Ton-sur-ton roomwit/leverkleurig interieur vormt een klassieke achtergrond voor een lunch – laat u niet misleiden door omschrijvingen als pizza en clubsandwich, want die worden hier eigenzinnig geïnterpreteerd. Vooral ook voor hight tea met heerlijk gebak, sandwiches en ijs, in combinaties luisterend naar namen als Yellow Sun en Vie en Rose. In 2011 kreeg Het Gebaar een Michelinster.

Trend aan de Schelde – Hangar 41: B 6, zie blz. 58.

Raffinement in Het Zuid – Hippodroom: B 6, Leopold de Waelplaats 10, tel. 03 248 52 52, ma.-vr. 12-14.30, 18-23, za. 18-23 uur, businesslunch € 23 (ma.-vr.), hoofdgerechten € 20-30. Stijlvol restaurant in een mooi herenhuis op Het Zuid, ronduit sjieke salades, verder alles tussen sushi en steak tartaar. 's Zomers is de stadstuin open.

Stijlvol zwart – Hungry Henrietta: C 5, Lombardenvest 19, tel. 03 232 29 28,12-14 en 18-21 uur, za.-zo. gesl., voorgerechten € 9-18, hoofdgerechten € 15-24. Dit stijlvol zwart ingerichte etablissement met betonvloer is duidelijk op in de buurt werkende of winkelende gasten gericht. Uit de halfopen keuken komen frisse salades, naar keuze met een royale portie garnalen, huisgemaakte mayonaise of andere smaakmakers. De lamscarré en rogvleugel ondergaan hoorbaar sissend hun lot. Prima prijs-kwaliteitsverhouding.

Rederijchic – Lux: C 3, Adriaan Brouwerstraat 13, Sint-Aldegondiskaai 20, tel. 03 233 30 30, tweegangenlunch € 20, dinermenu € 34, www.luxantwerp.com. Geen twee locaties maar een voor- en achteringang, waarvan die aan de Sint-Aldegondiskaai het mooiste is, vlak voor het MAS. Bij Lux zitten gasten in de oude directiekamer van een Poolse scheepsmagnaat. De schouwen, houten lambrizering, beschilderde medaillons en andere details worden gekoesterd. Daaraan zijn eigentijdse snufjes toegevoegd, zoals een glazen liftschacht en bijzondere verlichting. Een mooie loungeplek om zowel grootmoeder als je nieuwe geliefde mee naar toe te nemen.

Grootmoeders binnenhof – Mangerie 't Asjetje: C 4, Korte Nieuwstraat 18, tel. 03 231 03 77, dagschotel € 10, à la carte tot € 20, 12-14 en 17.30-20.30 uur, zo.-ma gesl. Een verstopt binnenhofje waar 'moeders' streekgerechten keurig worden geserveerd. De charmante plek wordt vooral getipt als lunchadresje.

Ode aan Marcel – Marcel: C 3, Van Schoonbekeplein 13, tel. 03 336 33 02, ma.-vr. 12-14.30 en 18-22, za. 18-22 uur, driegangenmenu Marcel € 35, verrassingsmenu's € 45-65, hoofdgerechten à la carte € 22-29. Een nieuwe aanwinst op Het Eilandje, 'eerbetoon aan al wie van flaneren, savoureren en degusteren houdt', aldus de lijfspreuk van Dave en Lieze. Sfeer en gastronomie zijn er van gelijkelijk belang; met terras.

Japans eten in een werfkelder – Roji Sushi: D 4, Oude Koornmarkt 26, tel. 03 296 61 33, ma.-do. 18-22, vr.-za. tot 24, zo. tot 23 uur. Een verrassende combinatie: Japans eten in een 13e-eeuwse gewelfkelder. Ontvangst bij de open haard, sfeervolle verlichting en achtergrondmuziek. Maar vooral: een uitstekende keuken en met goede begeleidende wijnen. Een populair en voordeliger sushiadres is op de Oude Koornmarkt nr. 22: Sushibar Zaowang.

Zen – Umami: B 6, Luikstraat 6, tel. 03 237 39 78, di.-vr. 11.45-14.15, di.-zo. 18-22.30 uur; sushischotels € 10-28, hoofdgerechten € 20-30. Waar tot voor kort een discotheek zat en de decibellen het toelaatbare overstegen, is de rust ingetreden van een ingetogen Aziatisch restaurant.

Monumentaal adres – Zuiderterras: B 4, Ernest Van Dijckkaai 37, tel. 03 234 12 75, 9-24 uur. Café-restaurant in een architectonisch opvallend complex, in 1984 ontworpen door bOb Van Reeth. Het ligt aan een wandelterras langs de Schelde. Herkenbaar aan het pand en in het interieur zijn maritieme elementen (ronde ramen). De keuken is Belgisch-Frans.

Typisch Antwerps

Stoemp en steak tartaar – Brasserie Den Artist: B 6, Museumstraat 45 (L. de Waelplaats), tel. 03 238 09 95, hoofdgerechten € 17-22. Hier komen jonge vriendinnengroepjes, buitenlandse zakenlieden, families. De zaak is niet groot maar wel gauw gezellig vol. Het menu staat op de borden; onder meer vispannetje, stoemp en steak tartaar.

Jaren zestig – Ciro's: B 7, Amerikalei 6, tel. 03 238 11 47, di.-zo. 11-22 uur, € 30. De eigenaar van De Foyer liet die zaak aan zijn dochter en stortte zich op het lokaal in Het Zuid. Het is bij uitstek een adres voor malse steaks, met verse frites en huisgemaakte mayonaise. Tomatensoep met ballen, goede garnaalkroketten. Koffie in een zilveren filterkan. Kortom: klassiek zonder fratsen. De inrichting en kostumering (lange zwarte schortrokken) zijn als van een Franse bistro in de jaren zestig.

Gezien worden in de schaduw – In de schaduw van de kathedraal: C 4 Handschoenmarkt 17-21, tel. 03 232 40 14, ma. en di. gesl., hoofdgerechten vanaf € 26. Klassieker met uitzicht op de kathedraal, althans, vanaf het verwarmde terras. Hier luncht de Antwerpse chic. Wat eerst het Mosselhuis was, is inmiddels tot een restaurant uitgegroeid met grote viskaart. Met een hoofdrol voor de Noordzee.

Aan rui en Schelde – Maritime: C 4, Suikerrui 4, tel. 03 233 07 58, 12-14.30 en 18-21.30 uur, wo.-do. gesl., salades en voorgerechten rond € 15, hoofdgerechten € 22-32. Een halve eeuw serveert Maritime aan de Suikerrui paling in 't groen, garnaalkroketten, mosselen (aanrader) en kreeft. Vleesliefhebbers kunnen terecht voor ossehaas en chateaubriand. Goede huiswijnen.

Literair café – Quinten Matsijs: C 4, Moriaanstraat 17, tel. 03 225 01 70, vanaf 12 uur; ma. gesl. Spreuken op de muur van Conscience en Elsschot kunt u beter lezen vóór u deze oudste herberg (1565) van Antwerpen binnen-

Gevel van het literaire café Quinten Matsijs

gaat. Bier van 't vat van De Koninck, Bockor, Kasteelbier tripel. Ook zet men nog echte filterkoffie. Heerlijk op koude dagen: Quinten thee en kippekoffie. Nog steeds komen hier Vlaamse artiesten over de vloer. Ook worden dagprogramma's georganiseerd, bijvoorbeeld de Willem Elsschotwandeling met gids.

Zeven pinten van het vat – **Staminee de 7 Schaken:** C 4, Braderijstraat 24, tel. 03 232 52 44, dag. 11-23 uur, café tot 3 uur. Eetcafé met zeven soorten bier van het vat, waar ook Antwerpenaren zelf graag komen. De ambachtelijke frites en mayonaise begeleiden er zeetong, of gehaktballetjes bijvoorbeeld. Ook verse pasta's komen uit de verder overwegend grootmoeders keuken. En alles voor een beschaafde prijs en keurig en vriendelijk bediend. Dat zijn helaas zaken die in de druk door toeristen bezochte zaken rond de Grote Markt en de Groenplaats niet zo vanzelfsprekend meer zijn.

Vegetarisch

Biologische broers met zus – **De Broers van Julienne:** C 6 Kasteelpleinstraat 45-47, tel. 03 232 02 03, ma.-do. 12-21, vr.-za. 12-22, zon- en feestd. 17.30-21 uur, hoofdgerechten € 10-15. In een natuurlijk en sober decor van liche tinten en hout, 's zomers in de tuin, bereidt Julienne vegetarische en visgerechten. Veel quiches, frisse salades van biokwaliteit, aanrader is als voorgerecht de combinatieschotel van heerlijkheden. Met Marokkaanse, Thaise en Italiaanse invloeden.
Een tweede locatie van dit aangename restaurant is **Juliette**, IJzerenwaag 4, tel. 03 227 12 03, ma.-do. 11-18, vr.-za. tot 18.30 uur, zo. 12-17 uur;

Winkelen

AntwerpenNU

Scan voor een actuele selectie van evenementen de QR-code voor in de gids of ga naar reizen.nl/antwerpenNU

Shop 'till you drop

Van het centraal station tot aan de Schelde heeft modestad Antwerpen een aaneenschakeling van winkels.
Grote winkelketens bevinden zich in hoofdzaak bij de Meir (▶ D 5) en directe omgeving. Komedieplaats en Leopoldstraat (▶ D 5) zijn bij uitstek voor de goed gevulde beurs. In die wijk heeft de Schuttershofstraat ook veel mooie winkels met (kinder)mode. Veel Belgische ontwerpers, maar ook leuke interieurzaken, hebben zich in de wijk Sint-Andries (▶ B-C 5) gevestigd, bij de Modeacademie en het Modemuseum; ook in het aangrenzende Het Zuid (▶ B 6) zijn ontwerpers neergestreken. Uiteenlopende winkels, van scheerkwasten tot hoedjes en gitaren, zijn te vinden aan en rond de Wolstraat / Wijngaardstraat (▶ C 4). De Stations-buurt (▶ E 5) is tevens diamantwijk.
Bij het toeristenbureau en het Flanders Fashion Institute is een praktisch minigidsje met moderoute te koop (€ 1,50); er is een uitgebreider gidsje voor € 10.

Openingstijden

De meeste winkels zijn geopend van maandag tot en met zaterdag van 10-18.30 uur. Afwijkende tijden zijn bij de adressen vermeld, vooral geldt dat de kleine ontwerpers, die aan het begin van de week gesloten blijven.
In en rond de Kloosterstraat zijn gangbare openingsuren voor kleding- en interieurzaken woensdag tot en met zondag van 13 tot 17 uur. Zie ook www.antwerpshoppingstreets.be.

Solden

Tweemaal per jaar is er grote uitverkoop (*solden*): in januari en in juli. Daarnaast hebben diverse designers een *stock-sale* in april en in oktober, vaak worden die gehouden op een ander adres dan hun winkel.

Antiek

Een grote concentratie antiekwinkels van uiteenlopende soort is te vinden aan de Kloosterstraat. Ook in en bij de Leopoldstraat zijn enkele speciaalzaken in antiek.

Steek je licht op – **Antiques & Ornaments Christel Dauwe:** ■ B 5, Kloosterstraat 85-87, wo.-do en za. 10-18, vr. 13-18 en zo. 14-18 uur. Ornamenten, serviezen, kroonluchters, de meeste objecten zijn ook perfect te combineren met een modern interieur.

Verhuiswagen mee – **Dock's for Antiques:** ■ B 5, Kloosterstraat 64. Een grote collectie meubelen, vooral Engels. Mooie stukken voor bibliotheek en woonkamer. Schrijftafels, bureaustoelen en prachtige spiegels. Voor wie nog flink wat ruimte te vullen heeft.

Pijpenkabinet – **Frank van Laer:** ■ D 5, Leopoldstraat 16. Een breed spectrum aan meubels en sierobjecten. Van pijpenhouders, globes en maskers tot stolpklokken en sofa's.

Contrast in het bad – **Hot & Cold, New & Old:** B 5, Kloosterstraat 66. Badkamers en accessoires, zowel antiek als modern. Van lampetstellen tot complete douchesets. Inspirerende combinaties van oud en nieuw.

Museum Müllendorf – **Müllendorf Antiques:** D 5, Leopoldstraat 2-4. Al ruim een halve eeuw een grote naam op het gebied van 17e- tot 19e-eeuwse meubelen en kunstvoorwerpen, tevens restauratieatelier. Ook aanbod in zilver en brons uit het begin van de 20e eeuw.

Voor elke beurs – **'t Schuttershofke:** D 5, Schuttershofstraat 53, di.-za. 11-18 uur. In- en verkoop van antiek en brocante, in hoofdzaak kleine objecten als serviezen, kleine beeldjes, fotohouders, knuffels, kussens, die in en naast antiekwitte kasten staan uitgestald. Uiteenlopende prijsklassen, een mooie zaak waar je vriendelijk te woord gestaan wordt.

Boeken en cd's

Kijken en kopen – **Alta Via Travel Books & Maps:** D 2, zie blz. 47.

Kijken en kopen – **Copyright – Art and Architecture Bookshop:** C 5, Nationalestraat 28A, www.copyrightbookshop.be. In het gebouw van de Modenatie, gespecialiseerde boekhandel op het gebied van niet alleen mode en design maar kunst, fotografie en architectuur in brede zin.

Nieuw en antiquariaat – **Erik Tonen Boekhandel en antiquariaat:** B 5, Kloosterstraat 48. Boeken over kunst, toegepaste kunst en geschiedenis, oude geïllustreerde uitgaves, gravures en kaarten. Ook nieuwe boeken.

Kunst en strips – **Mekanik Strip:** E 4, St-Jacobsmarkt 72. Mekanik is niet alleen een stripwinkel maar heeft ook internationale faam als kunstgallerij.

Kloppend hart in de stripwereld – **Stripwinkel Beo:** D 5, Oude Vaartplaats 16. Waarschijnlijk de grootste stripwinkel van de stad en omstreken, bij de Vogelenmarkt. Van kinderstrips tot uitgaven voor volwassenen.

Boeken en ondergoed – **'t Verschil:** C 4, Minderbroedersrui 33, wo.-za. 11-18, zon- en feestd. 13-18 uur. Grote selectie boeken, tijdschriften en films gericht op homo- en biseksuelen, tevens koffie en gebak. Ook regenbooggadgets, aan de overkant op nr. 42 bij De Onderkant mannenondergoed en erotische speeltjes.

Cadeaus, souvenirs, design

Siddharta in Antwerpen – **Bazar Bizar:** C 5, Steenhouwersvest 18. Exotische snuisterijen om uw huis in Aziatische sferen te brengen; met een grote hang naar de jaren zeventig.

Fossiele drollen en maagsteen – **Steen en Been:** B 6, Volkstraat 59, di.-za. 11-18 uur. (Edel)stenen, fossielen, houten modellen, muziekdoosjes, geluksstenen, skeletten, hertenkoppen en ander moois van geologische en natuurlijke herkomst.

Delicatessen en levensmiddelen

Verantwoord verwennen – **Biologisch Dynamische Bakkerij:** B 6, Volkstraat 17, dag. 8-18, zo. vanaf 9 uur. Tijd voor een verantwoorde snack? Bij

Overdekte veilinghal aan de Vrijdagmarkt

deze fantastische bakker smaken de speculaasjes als gebakjes, en de gebakjes ... Meenemen of heerlijk met een koffie of thee in huiskamersfeer laten serveren.

Burie's kunststukjes – **Burie Chocolatier / Patissier:** C 5, zie blz. 61.

Cognac en sigaren – **De Cognatheek:** B 5, Steenhouwersvest 27, ma.-za. 11-18 uur. Waar vind je zo'n grote selectie cognac en pineau uit de Charentes, meer dan 150 soorten ... ? Voor kenners en beginners die wegwijs willen geraken in de wereld van Grande en Petite Champagne, van VS en VSOP tot XO. Voor de liefhebbers kunnen tevens passende sigaren worden uitgezocht.

Viva España – **El Valenciano:** B 5, zie blz. 43.

Echte Handjes – Philip's Biscuits C 5 zie blz. 61.

Meer Spaans genoegen – **De Spaanse Olijfboom:** C 5, Aalmoezenierstraat 3A (hoek Nationalestraat), wo.-za. 10-18 uur. Olijven en olijfolie, wijnen (sherry's, cava's), kazen, hammen, chorizo's en nog veel meer van Spaanse oorsprong of sfeer is bijeengebracht in deze uitgebreide winkel. Misschien geen authentiek Belgische kadowinkel, maar wel een inspirerende! Natuurlijk met olijfboom op het terras.

Mode en accessoires

Alternatief chic – **Alex Schrijvers:** C 5, Everdijstraat 8, wo.-za. 11-18 uur. Zijn cliëntèle is te vinden in verschillende leeftijden en modecategorieën. Bijzondere handtassen en kleding, maar nooit té; geldt ook voor de prijs.

Frans label – **A.P.C.:** C 5, Lombardenvest 12. Het Franse label A.P.C. en een selectie ontwerpen van de Antwerpenaar Martin Margiela. Behalve kleding voor mannen, vrouwen en kinderen ook accessoires.

Huiselijke conceptstore – **Achterland:** B 5, Muntstraat 8, wo.-za. 11-18.30 uur. De Kroatische ontwerper Sandro Faber studeerde in 2002 af aan de Antwerpse Modeacademie. Na een Italiaans intermezzo keerde hij terug naar Antwerpen. Zijn stukken zijn origineel, van elk ontwerp worden maar een paar stukken gemaakt, en neigen naar klassiek met sobere kleuren.

Ann goes South – **Ann Demeulemeester:** B 6, Verlatstraat 38. Tussen een serie Het Zuid-restaurants doemt nu een etalage zonder kaarslicht op: hier worden de nieuwsgierigmakende ontwerpen van Ann Demeulemeester gepresenteerd.

Spaanse flair – **Basta:** D 4, Twaalfmaandenstraat 11. In een donker zijstraatje van de Meir maakt de Spaanse mode van Basta de grauwste dagen goed: Desigual, Elisa Cortes maar ook diverse andere merken, voor dames, heren en kinderen. Om de hoek aan de Meir 61-63 zit een filiaal van Desigual.

Tas voor haar en tas voor hem – **Charlotte – Willem:** C 5,Schrijnwerkersstraat 10. Prachtige lederen tassen, bij Charlotte voor dames en aan de overzijde bij Willem voor heren.

Schoenen heb je nooit genoeg ... – **Coccodrillo:** D 5, Schuttershofstraat 9 (herenschoenen op nr. 8). Voor de echte schoenenfreak. Zeer originele modellen, excentriek, felgekleurd maar zeker draagbaar. Veel meer dan alleen Prada, juist de minder bekende merken verrassen. Met prijzen van € 200-1000 is het geen wonder dat er een filiaal is geopend in het voorportaal van Verso, aan de Lange Gasthuisstraat.

Be Cos – **COS:** D 5, Stadsfeestzaal. Na Brussel, Amsterdam en Den Haag kreeg ook Antwerpen haar Collection of Style (COS), de superieure broer van H&M – en dan ook wel wat duurder. Grote en mooie zaak met heel veel basics en hier en daar gewaagde modellen, zowel heren- als damesmode. Van uitgaanskleding tot jassen. Tevens is een COS-filiaal geopend aan de Korte Gasthuisstraat 16-18.

Een Italiaan in Antwerpen – **David Mayer:** C 5, Nationalestraat 64, ma.-za. 10-18.30 uur. Een Italiaans designer label voor herenmode. Sportieve en zeer geklede mode die de drager een cosmopolitische uitstraling geven. Zeker als er de bijpassende accessoires, parfum, schoenen en zelfs motorhelmen bij gekozen worden. Volgens kenners overstijgt Mayer Hugo Boss.

Wikkelkoningin – **Diane von Fürstenberg:** B 5, Steenhouwersvest 44, ma.-za. 10-18.30 uur. De Brusselse ontwerpster heeft zich na New York, Los Angeles, Parijs, Tokyo en Hongkong aan Antwerpen verbonden. Misschien herinnert u zich nog de wikkeljurk uit de jaren zeventig? Deze 'wrapdress', vooral met grafische prints, was de grote vondst van Von Fürstenberg. Ze zijn overigens weer terug in het modebeeld.

Driehoekig vlagschip – **Dries van Noten:** C 5, Nationalestraat 16. tel. 03 470 25 10. De winkel in het driehoekige Modepaleis vormt het statement van het Antwerpse modekwartier. Als lid van de Antwerp Six stond Van Noten aan de wieg van de Antwerpse modescene. Inmiddels strekt zijn werkveld zich uit tot in Parijs, Milaan en Tokyo. Zijn collecties zijn nog altijd prikkelend. Maatwerk wordt geleverd in het atelier aan de Godefriduskaai.

Sober en monumentaal – Filippa K: B 5, Steenhouwersvest 61 en 65 tel. 03 232 87 17. Twee winkels heeft de Zweedse ontwerpster Filippa Knutson inmiddels – vlak bij elkaar –, de een voor heren, de ander voor dames. Knutson brengt veel tijdloze basics, met altijd zwart en wit in de collectie, maar elk jaar met een ander kleuraccent. Monumentale kleding, met een haast architectonische soberheid.

Kijken, passen, kopen, eten – Graanmarkt 13: D 5, zie blz. 63.

Doos van Pandora – Jutka & Riska: C 5, Nationalestraat 87. De twee – Amsterdamse – zussen Jutka en Riska hebben een goede neus voor in hoofdzaak sfeer en kleding uit de jaren zeventig en tachtig. Behalve vintagelook en eigen design zijn er ook accessoires en kleding van jonge ontwerpers in de collectie. Voor diverse leeftijdscategorieën, betaalbaar, eigenlijk voor iedereen die er net even anders uit wil zien, zeker als het feestelijk mag zijn.

Upperclass tweedehands – Labels Inc.: C 5, Aalmoezenierstraat 4, ma.-za. 11-18, wo. vanaf 14 uur. Zowel Belgische als Japanse topontwerpers hangen – tweedehands – in de rekken van Labels Inc. Ook showmodellen die direct van de ontwerpers komen, sommige stukken zijn van een paar seizoenen geleden. Met in de etalage vaak ontwerpen van modestudenten.

Parijse mode – Lilith: C 5, Schrijnwerkersstraat 7/9, tel. 03 232 03 82. Langs 'Willem' het hofje in lopen voor de stijlvolle damesmodezaak Lilith. Bij Pom en Sophie is het zeker zo prettig winkelen als in de Parijse filialen. Heel draagbaar maar altijd bijzonder door kleur en materiaal.

Avantgarde chic – Louis: D 5, Lombardenstraat 2, tel. 03 232 98 72, ma.-za. 11-18.30 uur. Tal van grote ontwerpers zijn hier te vinden, Martin Margiela (uit het kielzog van de Antwerp Six), Ann Demeulemeester, Veronique Branquinho, Balenciaga en een van de nieuwste Belgische labels: A.F. Vandevorst. Steeds de nieuwste collecties.

Hooggeëerd publiek – Maison Anna Heylen: C 5, Lombardenstraat 16, tel. 03 213 01 60, ma.-do. 11-18, vr.-za. 11-18.30 uur. Ook prinses Mathilde is een bekende in de boetiek van de aan de Antwerpse kunstacademie opgeleide Anna Heylen. De combinaties van verschillende materialen en technieken zijn haar speerpunt. Ook heeft ze couture en bruidsjurken in haar collectie.

Italiaanse allure– Malìparmi: D 5, zie blz. 61.

Scandinavië in het Modekwartier – Moose in the City: C 5, zie blz. 52.

Kwaliteit en originele ontwerpen – OSKA Antwerpen: C 5, Nationalestraat 79. Het Duitse merk OSKA heeft sinds 2012 een filiaal in het Antwerpse modekwartier. Het succes van het merk is vooral gebaseerd op kwaliteit en originaliteit; ook grote maten.

Vintage in moderne jas – RA boutique: C 5, zie blz. 52.

Zoveel zinnen zoveel smaken – Seven Rooms: C 5, zie blz. 52.

Schoenen met koffie – Theo & Camper: C 5, Nationalestraat 33. Camper zorgt voor de altijd comfortabele en eigenzinnige schoenen van hoge kwaliteit, Theo doet de bistro met terras: niet alleen koffie maar ook broodjes en salades. Het was een van de voorlopers van de inmiddels reeks concept stores in Antwerpen.

Verborgen verleiding – XSO: C 4 Eiermarkt 13-17, ma.-vr. 10-18, za. tot 18.30 uur. Het mooie binnenhofje, in den Cleyne Biecorff, is al reden genoeg om in elk geval tot de etalages door te lopen. Designerkleding voor dames en heren, te vinden zijn Armani, Issey Miyake, Tim Van Steenbergen en hun gelijken.

Hello World – Your: B 5, Kloosterstraat 90. Drukke lichtreclames schreeuwen om de aandacht. Echte fashionista's kijken daar doorheen en verlekkeren zich aan de Italiaans-Californische kleding: de wereld van vrijheid, motorrijden, maar alleen voor de happy few. En zoals een echte concept store betaamt, bemoeit Your zich ook met interieur, huidverzorging, accessoires.Your heeft een eigen schoenenlabel: Noë by Your. In werkelijk alle kleuren van de regenboog zijn sierlijk gehakte schoenen te vinden op Kloosterstraat 84.

In Antwerpen werken veel sieradenontwerpers

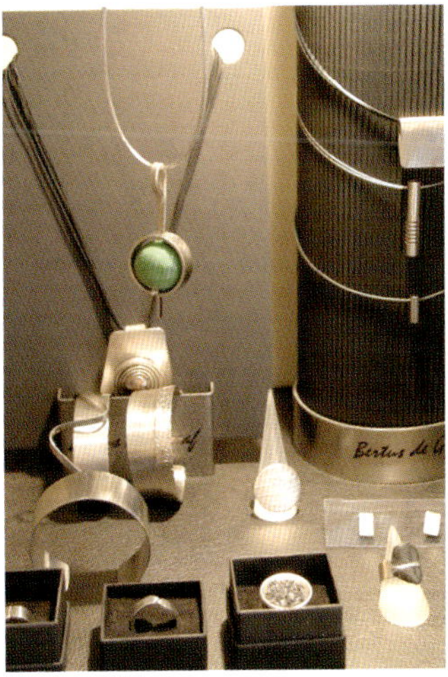

Sieraden

Liefde en vriendschap – Anne Zellien: C 5, Kammenstraat 47, tel. 03 226 89 70, zo.-ma. gesl.
Stijlvolle sieraden van edele metalen, edelstenen en parels, waaraan een liefde voor oude juwelen is af te lezen. Anne Zellien gebruikt haar ontwerpen als symbool voor liefde en vriendschap.

Brussels zilver en witgoud – Christa Reniers: C 5, Drukkerijstraat 22, di.-za. 11-13 en 14-18 uur. De Brusselse ontwerpster Christa Reniers werkt uitsluitend met hoogwaardig zilver en (wit) goud, waarin soms (half)edelstenen worden verwerkt. Elk tot in perfectie afgewerkt stuk is voorzien van een kwaliteits- en meesterstempel. Het oud-en-nieuwbouwcomplex waar haar galerie is gehuisvest is al een bezoek waard: met vijver en buurman Sissy Boy.

Tijd voor een trouwring?– Wim Meeussen: C 4, Wijngaardstraat 11, tel. 03 232 19 13. Organische vormen staan centraal in de ontwerpen van Wim Meeussen. Ook de entourage in een art-nouveaupand met mooi houten interieur is er een om met je geliefde voor een (trouw)ring te bezoeken. Voor € 60-1700 komt u met iets bijzonders thuis.

Sieraden met humor– Wouters en Hendrix: C 5, zie blz. 61.

Romantiek – Zabiluz: B 6,Volkstraat 65. Birgit Vermuyten is een juwelenontwerpster met een voorliefde voor roosjes en andere bloemen. De kettingen, arbanden en ringen (€ 40-400) zijn voor verschillende leeftijden en stijlen.

Uitgaan

AntwerpenNU

Scan voor een actuele selectie van evenementen de QR-code voor in de gids of ga naar reizen.nl/antwerpenNU

Partygangers in Antwerpen

Het uitgaan in Antwerpen speelt zich op verschillende niveaus af. Voor de meeste bezoekers en Antwerpenaren worden avondjes uit gevuld met een restaurantbezoek, met nog een afzakkertje na afloop in een naburig café. Partygangers zoeken dan een club op, waar livemuziek gespeeld of door een dj gedraaid wordt.

Soms is de grens tussen uit eten en clubbing vaag: er zijn restaurants waar na het diner de tafels aan de kant gaan om ruimte te maken voor een dansvloer; onder Eten en drinken staan ook adresjes om een lange avond door te brengen. Hieronder volgt een selectie van de overige vermaakplaatsen voor de namiddag, late en vroege uurtjes.

Cafés en bars

De stad telt zo'n 1800 cafés. Er is keuze uit ouderwetse, bruine volkscafés, tavernes en staminees. Daarnaast is een steeds uitgebreider aanbod wijn-, whisky-, martini- en cocktailbars, waar de aankleding een grote rol speelt; een grote concentratie daarvan bevindt zich in de wijk Het Zuid. In cafés zonder restaurantvoorziening wordt (weer) gerookt.

Historisch drankje in passend kader – Appelmans Brasserie & Absinthbar: ■ C 4, Papenstraatje 1, tel. 03 226 20 22, vanaf 11.30 uur, cocktails na 17 uur. Overdag wordt er naast de kathedraal aan een clubsandwich Appelmans geknabbeld. 's Avonds komt men er beschaafd tafelen. Maar de metamorfose is voorbehouden aan de late vrijdag- en zaterdagavond, als er dj's uit binnen- en buitenland draaien. Het assortiment van de cocktailbar is groot, met variaties rond absinth. Het historische kader wordt gevormd door een kapittel en een Papenschool.

Salsacafé – AXXES: ■ Groenendaallaan 396 (Antwerpen Noord), tel. 03 541 44 11, www.axxes.be, vr.-za. salsadansen. Grootste salsacafé van Antwerpen, op de 1e verdieping van het Metropoliscomplex. Daarom prima te combineren met bioscoopbezoek. Zowel voor ervaren dansers als beginnelingen. Er worden ook lessen gegeven. Om niet uit de toon te vallen en wel serieus genomen te worden is passende outfit aangeraden. Het Mexicaans getinte (cocktail) café-restaurant is de hele week open.

Cocktailbar aan het Bonapartedok – Bar Lux: ■ C 3, Sint-Aldegondiskaai 20. Strak modern ingerichte cocktailbar, vlak bij het MAS in een voormalig rederspand. Bij uitstek voor een aperitief. Tevens goed en sfeervol restaurant.

Broodje met jazz toe – Berlin: ■ C 5, Kleine Markt 1-3. Overdag is het publiek nog vrij gemengd, 's avonds laat ontpopt Berlin zich als uitgaansspot voor liefhebbers van jazz, house, pop en lounge. Dan wordt het een plek om te zien en gezien te worden. Berlin is een broertje van Zürich (Verlatstraat, Het Zuid) en Köln (Stadswaag).

Eilandclub – **Cappuccinoclub:** C 2, Sint-Laureiskaai 13. wo.-vr. vanaf 11, za. vanaf 18 uur. Denk hierbij niet in de eerste plaats aan een koffiehuis. 's Zomers op het terras aan het Bonapartedok kom je nog met een eenvoudig drankje weg, maar eigenlijk is hier het recept: hapje eten en daarna feest. De muziek varieert van funk tot deephouse en meezingers. Is eigenlijk een club, zonder entreegeld; publiek is rond de dertig.

Hedendaags oranjebruin – **Cocktails at Nine:** C 4, Lijnwaadmarkt 9, di-do. 17-1, vr.-zo. 14-1 uur. De nieuwste hippe lounge / cocktailbar in de stad. Smakelijke happen worden bereid door Dock's Cafe. 's Zomers zijn de twee terrassen geliefd, in de herfst en winter binnen de plekken bij de open haard. De cocktailbar bevindt zich In het pand van Hotel Linnen.

Engel en Bengel – **Den Engel:** C 4, Grote Markt 2. Grote lokale klantenkring, ook VIP's, volgens zeggen vanwege de beste bollekes van de stad. Sinds ruim een eeuw in bedrijf in een van de mooiste pandjes van de stad, het dichtst bij het stadhuis. Een gouden engel ziet van boven aan de gevel toe. Net zo'n bruine Vlaamse kroeg is de naburige **Den Bengel** (op nr. 5); dit etablissement wordt ook door leden van de Antwerpse Snorrenclub gefrequenteerd. Toeristen komen er vooral 's zomers, voor het eersterangsterras. En de volgende morgen, voor een stevig ontbijt van spek en eieren.

Rokerige jazz – **De Muze:** C 4, Melkmarkt 15. Al sinds de jaren zestig is De Muze een Gouwe Ouwe, toen met beatniks. Nu is het publiek heel gemengd. Presenteert zich als jazzcafé, maar de muziek grijpt ook graag terug naar pop van de sixties en seventies. Vrijwel dagelijks is er livemuziek, meestal vanaf 22 uur, zondag 15 uur.

Jenevercafé – **De Vagant:** C 4, Reyndersstraat 25, vanaf 11 uur. Hoewel er ook bier geschonken wordt, komt men hier voor de – Belgische – jenever. Er zijn maar liefst 200 soorten verkrijgbaar, van een tot de rand gevuld glaasje klassieke oude of jonge tot gemixt met vruchtenextracten, chocolade of

Bioscopen

Antwerpen heeft tal van filmzalen, maar het gigantische Metropolis in Antwerpen Noord (Groenendaallaan 394, tel. 03 544 36 00, http://metropolis antwerpen.cinenews.be), met 30 zalen, is zeker een van de vermeldenswaardigste. Een bijzondere kleinschalige locatie is Cinema Zuid, in het FotoMuseum (Lakenstraat 14, tel. 0475 77 05, www.cinemazuid.be).
In de UGC, van Ertbornstraat 17, een groot complex vlak bij het Centraal Station, draaien dagelijks negen films, van de kaskrakers tot alternatieve producties; http://ugcantwerpen.cinenews.be.
Bij uitstek een alternatief aanbod aan films heeft Cinema Cartoon's, Kaasstraat 4, tel. 03 232 96 32, www.cartoons-cinema.be.
Zie voor een compleet overzicht van de filmagenda in Antwerpen (en heel België) www.cinenews.be.

noten; de vagantcocktail gaat veel over de toonbank. Ook voor wie in het jenevervocabulaire geïnteresseerd is.

Trendy corner – Hopper: B 6, Leopold de Waelplaats 2, www.hopperjazz.org. Een van de drukste gelegenheden in Zuid is meestal Hopper. Op vrijdagnamiddag voor de TGIF. Elke 1e en 3e dinsdag concerten (tegen entreegeld), overige happenings gratis: zondagmiddag vanaf 16 uur, maandagavond. Extra veel muziek van oktober tot en met april, ook jamsessies. Aanvang steeds tussen 21 en 21.30 uur.

Hip in historisch pand – L'Entrepot du Congo: B 6, Vlaamsekaai 42/De Burburestraat 2. In een prachtig historisch pand is dit hippe studenten- en artiestencafé met fusionkeuken. Ook is er een uitgebreide whiskykaart.

Wijn in loungesfeer – Pazzo: D 3, Oudeleeuwenrui 12, tel. 03 232 86 82, winbar vanaf 15 uur, za.-zo. gesl. Beneden is het een goed bekend staand (wijn)restaurant. Voor de echte wijnliefhebbers is de wijnloungebar op de bovenverdieping van Pazzo een perfecte bestemming. Er worden tapas bij

Jazzcafé De Muze

geserveerd en er is een uitgebreide sigarencollectie. Moderne loungesfeer, mooie wijn- en champagnekelder.

Shaken of stirred – SIPS: A 7, Gillisplaats 8. di.-za. 17/18-4 uur. De eigenaar van deze cocktail- en sigarenbar, Manuel Wouters, was jaren shaker op een luxe cruiseschip. Er staan ruim honderd cocktails op de kaart, zoals Pigs in Space, Yellow Fever en Capipirosa. Aan de perfectie van een shaken of stirred hangt wel een prijskaartje. De meeste gasten zijn netjes gekleed.

Concerten en opera

Amusement bij Augustinus – Amuz: C 5, Kammenstraat 81, tel. 03 202 46 69, www.amuz.be. Voluit: Augustinus Muziekcentrum. Gebracht wordt een gevarieerd programma, maar steeds met muziek als basis. Van oude muziek tot hedendaags, ook voorstellingen voor kinderen.

Harmonisch en symfonisch – De Filharmonie: C 2, Braziliëstraat 15, tel. 03 213 54 20, www.defilharmonie.be. De Filharmonie (de Royal Flemish Philharmonic) onder leiding van Philippe Herreweghe treedt binnen en ver buiten Antwerpen op. Stadspodia zijn deSingel en de Sint-Carolus-Borromeuskerk.

Modern podium – deSingel: C 9, Desguinlei 25, tel. 03 248 28 28, www.desingel.be. De plek waar theater, moderne dans en muziek worden gepresenteerd, door artiesten uit binnen- en buitenland. Tevens worden architectuurtentoonstellingen gebracht.

Avondje opera – Vlaamse Opera: E 4, Van Ertbornstraat 8, tel. 03 202 10 11, www.vlaamseopera.be. Het operagebouw is in 2007 na verbouwing heropend. Zowel kamermuziek als opera en operette staan op het programma.

Podium in Het Zuid – Zuiderkroon: A 7, Vlaamsekaai 81-83, tel. 03 229 18 00, www.zuiderkroon.be. Van Toots Thielemans tot Billy Ocean en Benny Neyman; ook evenementen.

Discotheken

Er zijn restaurants en cafés die dansliefhebbers op de late avond hun dansplezier gunnen, maar de echte partygangers kiezen dan meestal voor een club of café met dansreputatie. De populariteit daarvan fluctueert, de afgelopen jaren zijn er nogal wat adressen gekomen en verdwenen, dus doe voor u in danspak op het adres van uw keuze aanbelt even navraag. De toegangsprijzen verschillen, van € 5-15, sommige clubs vragen geen entreegeld, of niet voor 24 uur of op bepaalde dagen. Kijk ook op de evenementenkalender (Zone03).

Bar met jazz en triphop – Bar Tabac: A 6, Waalsekaai 43, tel. 0495 50 62 49. vr. en za. dj's vanaf 22.30 uur. Nachtkroeg, jazz, acid-jazz en triphopmuziek. Maar ook geliefd vanwege het terras. Op woensdag voor 24 uur kost een pils € 1.

Apero of after dinner drink – Umami The Bar: B 6, Luikstraat 8, do.-za. vanaf 17 uur. Trefpunt rond borreltijd, een afzakkertje na een Umamidiner of een opwarmertje voor u het verdere nachtleven van Antwerpen intrekt? De zensfeer van het restaurant komt ook in de bar terug..

Live rock en stand-up comedy – Buster: C 4, Kaasrui 1, www.busterpodium.be. Vrijwel elke avond zijn er live-optredens, van rock tot stand-up-comedians. Vooral bezocht door de studentenscene.

Nooit meer slapen – Café d'Anvers: C 3, Verversrui 15, www.cafe-d-anvers.com, do.-za. 23-6/7.30 uur. Ooit was het een kerk, nu een feestplek die geregeld door dj's wordt opgeluisterd, zoals het huiskoppel Smos & Baby B.

Buurvriendelijk rockcafé – De Rots: C 4, Melkmarkt 11, www.de-rots.be, ma.-do. 11-23, vr.-za. 11-3, zo. 14-23 uur. Rockcafé – met beschaafde prijzen – annex winkel. In een oefenruimte wordt plaatselijk talent gestimuleerd, tot 22 uur vanwege burenoverlast. Sympathieke formule.

Superclub – Noxx Antwerp, Straatsburgdok – Noordkaai 3 (volg Noorderlaan, E 1), www.noxxantwerp.be, do. 23-6, vr.-za. 23-7 uur. In 2007 geopende uitgaanstempel, een van de modernste van Europa. Discotheek in de Main Room, waar internationaal befaamde dj's voor worden uitgenodigd. De Salle Noire is er vooral voor elektro- en progressivefans. Fusia is het restaurant, met Latin beats.

Rock- en elektrotempel – Petrol: A 7, D'Herbouvillekaai 21, www.petrolclub.be, vr. en za., soms extra dagen, open vanaf 23 uur. Het publiek in deze rock- en elektrotempel is gemiddeld wat jong; volg het spoor langs de kaaien zuidwaarts langs de containeropslag (verlengde van Ledeganckkaai). Live-optredens, zaaks om tevoren het programma te bekijken; soms is tevoren bestellen van kaarten nodig.

Kenners weten de weg – Pure: D 1, Indiëstraat 8/10, www.pure-antwerp.be, za. vanaf 23 uur. Weggestopt achter de Kattendijk-Oostkaai, maar kenners weten de weg wekelijks te vinden. Tot de huisdj's horen Eno, Mystic en Junior.

Zomerstrandclub op Het Eilandje – Strantwerpen: D 2, Kattendijkdok / Westkaai, dag. vanaf 11.30 uur. Van 30 april tot 31 augustus heeft Antwerpen een strandclub, met echt zandstrand aan het water en een exotisch terras. In Antwerpen-Noord, aan het Kattendijkdok ter hoogte van de Montevideostraat.

Homo en lesbisch

Hiernavolgende adressen zijn bij uitstek voor homoseksuelen, lesbiënnes

Antwerps Sportpaleis / Lotto Arena

Het Antwerpse Sportpaleis, vanaf de Noordring door het opvallende blauwe dak een herkenbaar gebouw, is de aangewezen plek voor grootschalige evenementen. De zaal biedt plaats aan 13.500 tot 18.000 toeschouwers, afhankelijk van de podiumopbouw. Hoewel er zich onder de tribunes een 250 m lange wielerpiste bevindt, is het zeker niet alleen de plek voor sportmanifestaties. Hier treden ook Alecia Keys, Justin Bieber, Pink en Coldplay op, ook is hier de jaarlijkse Night of the Proms.
Direct naast het Sportpaleis is nog een manifestatiehal, de Lotto Arena, met een capaciteit van zo'n 7000 toeschouwers. Hier vinden onder meer plaats het Groot Antwerps Wintercircus, Holiday on Ice, basketbalwedstrijden van de Antwerp Diamond Giants, maar ook concerten van Joe Cocker en andere muzikanten die iets minder ruimte nodig hebben.
Antwerps Sportpaleis, Schijnpoortweg 119, Merksem / Antwerpen, tel. 03 400 40 40, ticketoffice 070 345 345, vanuit Nederland 0900 45 000 45, www.sportpaleis.be.

en bisexuelen. Adressen van leer- en kinky bars en sauna's zijn verkrijgbaar via Antwerpen Toerisme & Congres, ook als pdf te downloaden. Begin augustus 2013 vinden in Antwerpen de 3e World Out Games plaats.

Relaxte bar – **DeLux:** ■ E 3, Melkmarkt 18, ma.-do. tot 1, vr.-zo. tot 2 uur. Ontspannen sfeer in rustige homobar; in het historisch centrum.

Van koffie tot cocktail – **Hessenhuis:** ■ D 3, Falconrui 53, ma.-vr. vanaf 11, za.-zo. vanaf 13 uur. In een mooi gerestaureerd 16e-eeuws pakhuis is een trendy ingericht café. Zowel voor koffie, kleine kaart als cocktail. 's Avonds ontpopt het Hessenhuis zich als partyhole.

Café aan de Schelde – **Popi Café:** ■ B 5, Plantinkaai 11-12, vanaf 14 uur, keuken tot 22 uur, vr.-za. regelmatig dj's. Aan de Scheldekaaien is een ontspannen café waar gemengd publiek komt. Koffie, kleine kaart maar ook (tap)bier en cocktails. Ruime inrichting, 's zomers mooi terras.

Spaanse sfeer – **Que Pasa:** ■ C 4, Lange Koepoortstraat 1, di.-vr. vanaf 20, za.-zo. 18 uur. Danscafé met Spaanse sfeer. Het feest gaat meestal tot in de vroege uurtjes door.

Extravagante herenclub – **Red & Blue:** ■ C 3, Lange Schipperskapelstraat 11/13, (bij de Orteliuskaai), www.redandblue.be, za. 23–7 uur; alleen voor mannen. De grootste gay-dance-club in de Benelux. Dresscode: bij voorkeur extravagant.

Theater

Theaterhart – **Arenbergschouwburg:** ■ D 5, Arenbergstraat 28, tel. 070 22 21 92, www.arenbergschouwburg.be. In het hart van de theaterbuurt is de Arenbergschouwburg het podium voor cabaret, literatuur, chanson, gezien vanaf het klassieke rode pluche.

Intellectueel toneel – **BAFF:** ■ C 6, De Vrièrestraat 36, tel. 03 233 91 48, www.baff.be. Een eigen groep van acteurs en actrices brengt bewerkingen van verhalen van Ettore Scola, Tom Lanoye,

Hugo Claus, Shakespeare en vele anderen. (Voorheen was dit het Raamtheater op 't Zuid.)

Toneelhuis – Bourlaschouwburg: D 5, Komedieplaats 18, tel. 03 224 88 44, www.toneelhuis.be. Het Toneelhuis, het grootste theatergezelschap van Vlaanderen, heeft hier zijn thuisbasis. Vaste theaterschrijvers en regisseurs zijn Abke Haring, Bart Meuleman, Benjamin Verdonck en Guy Cassiers. Op het podium ziet u bijvoorbeeld routiniers als Johan Van Assche en Katelijne Damen. De Bourlaschouwburg telt 900 plaatsen.

Voor getrainde oren – Echt Antwaarps Teater: D 5, Arenbergstraat 10, tel. 03 231 64 64, www.echtantwaarps teater.be. In onvervalst Antwaarps passeren komedies hier de revue. Alleen geschikt voor getrainde oren.

De Foyer in de Bourlaschouwburg

Zuilenzaal met heel gevarieerd programma – Het salon: D 3, Godefriduskaai 30, tel. 03 203 03 30, www.felixpak huis.nu. Het salon in het FelixPakhuis herbergt een concertzaaltje – met zuilenwoud – waar klassieke en jazzoptredens worden gebracht, maar ook singer-songwriters optreden; bij voorkeur worden voorstellingen versterkt door dans en poëzie.

Stadsschouwburg aan de Vogelenmarkt – HetPaleis: D 5, Theaterplein 1, tel. 03 202 83 60, www.het paleis.be. In de Stadsschouwburg aan de Vogelenmarkt, zowel jeugd- als volwassentheater. De acteurs zijn van uiteenlopende leeftijd en achtergrond. Jaarlijks zijn er voorstellingen van de Music Hall Group.

Britse verbouwing – Koningin Elisabethzaal: E 5, Koningin Astridplein 26, www.fccc.be. Gedurende een grootscheepse verbouwing zijn concertzaal en conferentieoord vooralsnog gesloten. Het project is in handen van het Britse architectenbureau Ian Simpson Architects; informeer naar de actuele stand van zaken.

Ballet op Het Eilandje – Koninklijk Ballet van Vlaanderen: D 2, Kattendijkdok-Westkaai 16, tel. 03 234 34 38, www.koninklijkballetvanvlaanderen.be. Het Koninklijk Ballet van Vlaanderen staat al een paar jaar onder leiding van Kathryn Bennetts.

Jeugdtheater – De Spiegel: D 3, Lange Noordstraat 19, tel. 03 225 28 39, www.despiegel.com. In 1965 begonnen als poppentheater, inmiddels een breed programma onder de noemer jeugdmuziektheater.

Karikaturen – Theater Froe Froe: A 7, Namenstraat 7, tel. 03 248 72 21, www.froefroe.be. Zowel voor volwassenen als kinderen worden – vaak karikaturale – schetsen gegeven van klassieke verhalen, films of boeken. Er wordt daarbij gebruik gemaakt van livemuziek, poppen en video.

Knus theater– Theater Zeemanshuis: D 3, Falconrui 21, tel. 03 225 07 53, www.theaterzeemanshuis.be. Knus theater, 190 plaatsen; per seizoen meestal producties 1-2 maanden draaien.

Antwerpse culinaire woordenlijst

Brood en gebak

smos	broodje met kaas en/of ham en groenten
booke	boterham
martino	broodje met gehakt
croqueske	tosti
piottenkoek	sandwich met rozijnen
roggeverdommeke	rogge / tarwebrood met rozijnen
pateeke	gebak
koffiekoek	boterkoek
smoutebollen	oliebollen
gelei	jam
carré confituurke	gebak met abrikozenjam
galetten	dunne wafels
Brusselse wafel	rechthoekige wafel
Luikse wafel	zware, ronde wafel

Dranken

plat water	water zonder koolzuur
spuitwater	water met koolzuur
sjat kaffe	kop koffie
bolleke	bier van brouwerij De Koninck
pint	(tap)bier
tango (of: mazout)	bier met cola
sneeuwwitje	bier met spa lemon
duikboot	Hoegaarden met citroenjenever
peket	jenever

Groenten / snacks

witloof	witlof
friet	patat/frites
friet special	patat met mayonaise, ketchup en ui

Wat eten Antwerpenaren?

Of: wat schotelen restauranthouders de toerist voor? Op en rond de Grote Markt heeft elk café en elke taverne **tomates crevettes** op de kaart, een tomaat tot over de rand gevuld met garnalen – de goede met slechts een filmpje saus eromheen. Eigenlijk is het een Belgische specialiteit, maar ook in Antwerpen niet te versmaden. Zowel als voor- als hoofdgerecht te bestellen.

Tal van Hollandse toeristen komen speciaal naar Antwerpen om **mosselen** te eten – ook al komen die hier meestal uit Zeeland. Ieder zijn eigen zwarte pan, tal van variaties met groentjes, kruiden, bier, wijn en kaas mogelijk. Eten met een lege schelp, geserveerd met frieten. Ook **hutsepot** staat in heel België op de kaart, maar in de Antwerpse variant zit in elk geval koolraap, vaak ook wortelen, prei, bleek- en knolselderij. Dit suddert in een selectie of combinatie van: varkensoren, varkensstaart, karbonade, spek en boerenworst; aardappelen zorgen voor de vulling, mosterd aan tafel moet het geheel op smaak krijgen.

De **Salade Rubens** laat de kok een nog grotere vrijheid. Wat er in zit, verschilt per restaurant. **Elixir d'Anvers** als basis van de vinaigrette is evenwel onmisbaar als karakteristiek. Gezien de gulheid van de gemiddelde kok wordt de salade Rubens meestal als hoofdgerecht gegeten.

Interessanter op culinair gebied zijn de hedendaagse, vaak zeer onconventionele interpretaties. Lang voor het begrip was ingeburgerd was in Antwerpen van een 'fusion-keuken' sprake, onder invloed van de vreemdelingen die vooral via de haven naar Antwerpen kwamen. Afrikaanse groenten, Marokkaanse *tahines* en Libanese *meze* zorgen voor fraaie spanningsvelden met aloude streekschotels. Antwerpenaren weten van lekker eten.

Groenplaats met op de achtergrond de kathedraal

Register

Fotoverantwoording
Omslag: De Grote Markt (123RF)
Angela Heetvelt: blz. 6-7, 10, 17, 28-29, 32, 34, 36, 37, 46, 52, 55, 60, 68, 69, 70, 74, 81, 83, 84, 85, 86, 96, 103, 106, 109, 110, 119, 124; Antwerpen Toerisme & Congres: 30, 31, 53, 57, 72, 75, 98; Joost Daniels: blz. 9, 12, 38, 41, 42, 43, 44, 45, 48, 50, 59, 62, 64, 65, 76, 78, 79, 89, 90-91, 92, 95, 97, 101, 104, 112, 116, 125; Lieke Daniels: 26; Graanmarkt 13: 64; Paul Tolenaar: 66-67

Notities

Notities

Hulp gevraagd!
De informatie in deze reisgids is aan verandering onderhevig. Het kan dus wel eens gebeuren dat u ter plaatse een andere situatie aantreft dan de auteur.
Is de tekst niet meer helemaal correct, laat ons dat dan even weten.
Ons adres is:
ANWB Media
Uitgeverij Reisboeken
Postbus 93200
2509 BA Den Haag
anwbmedia@anwb.nl

Productie: ANWB Media
Uitgever: Marlies Ellenbroek
Coördinatie: Els Andriesse
Tekst, redactie en opmaak: Angela Heetvelt, Sint-Michielsgestel
Eindredactie: Amir Andriesse, Diemen
Ontwerp: Jan Brand, Diemen
Concept: DuMont Reiseverlag, Ostfildern
Grafisch concept: Groschwitz/Blachnierek, Hamburg
Cartografie: © 2013 DuMont Reiseverlag, Ostfildern

Tweede, herziene druk
Gedrukt in Italië
ISBN 978-90-18-03217-3

Extra-routes

Hebt u zin in een leuke wandeling, een mooie fietstocht of een spannende autoroute?
De ANWB heeft twee routes voor u geselecteerd.
De Extra-routes zijn op de uitneembare kaart ingetekend.

Route 1

Gouden tijden

Waar anders dan op de Grote Markt zou een stadswandeling door het historisch centrum van Antwerpen moeten beginnen? Rondom u schitteren de gildehuizen: de glans van de gouden 16e en 17e eeuw. Blinkende figuren verraden iets over dat verleden: een gouden paard, een valk, een luipaard, Vrouwe Justitia ... Loop over de Kaasrui en steek de Lange Koepoortstraat over, de Wijngaardstraat in, naar een van de mooiste pleinen van de stad: het Hendrik Conscienceplein, aan één kant gesierd door de Carolus Borromeuskerk. Met café-restaurantjes en winkels om de hoek krijgt het hemelse veel tegenwicht van het aardse genoegen. In de Keizerstraat – maar ook Kipdorp en Nieuwstraat – zitten stadspaleisjes en oude kapellen achter dikke deuren en muren verstopt. De oude Handelsbeurs is hard op weg een glorieuze feestplaats te worden. Verplaats u dan naar de art-decoperiode, de Boerentoren, en ga vervolgens over oude markten naar het historische hoogtepunt, de kathedraal.

Route 2

Eiland in de stad

Kijk net als het havenmeisje bij Hangar 26 uit over de Schelde en stel u het levendige kaaientafereel van een eeuw geleden voor. Aan stadse zijde bepaalt het MAS het eigentijdse gezicht. Daarbij horen zeker ook de hippe koffiezaakjes en restaurants in voormalige pak- en redershuizen en hangars. Maar in heel veel details blijft het scheepvaartverleden zichtbaar. Loop een rondje langs de dokken, de plekken waarvandaan miljoenen emigranten vertrokken en allerhande waren hun weg vonden. Vanaf de Londenbrug, waar nu boten uitvaren voor havenrondvaarten, is noordwaarts te zien hoe het Havenhuis onder aansturing van Zaha Hadid een metamorfose ondergaat. Wie tijd heeft, neemt zeker een kijkje in het FelixPakhuis en het MAS. Waai dan uit op het wandelterras aan de Schelde. Onder de monumentale overkappingen op de kaaien staan historische vaartuigen. Langs de oude burcht Het Steen komt u in het centrum, waar het havenwezen ooit begon.

Wandeltocht Fietstocht Autotocht Boottocht